POESIAS SOLTAS

O EMBRIÃO QUE NASCEU E FOI CRESCENDO...

Editora Appris Ltda.
1.ª Edição - Copyright© 2025 do autor
Direitos de Edição Reservados à Editora Appris Ltda.

Nenhuma parte desta obra poderá ser utilizada indevidamente, sem estar de acordo com a Lei nº 9.610/98. Se incorreções forem encontradas, serão de exclusiva responsabilidade de seus organizadores. Foi realizado o Depósito Legal na Fundação Biblioteca Nacional, de acordo com as Leis nᵒˢ 10.994, de 14/12/2004, e 12.192, de 14/01/2010.

Catalogação na Fonte
Elaborado por: Dayanne Leal Souza
Bibliotecária CRB 9/2162

A862p 2025	ATAOPA Poesias soltas: o embrião que nasceu e foi crescendo... / ATAOPA. – 1. ed. – Curitiba: Appris, 2025. 221 p. ; 23 cm. ISBN 978-65-250-7334-7 1. Poesias soltas. 2. Contexto. 3. Afro-angolano. I. ATAOPA. II. Título. CDD – 869.1

Livro de acordo com a normalização técnica da ABNT

Appris
editora

Editora e Livraria Appris Ltda.
Av. Manoel Ribas, 2265 – Mercês
Curitiba/PR – CEP: 80810-002
Tel. (41) 3156 - 4731
www.editoraappris.com.br

Printed in Brazil
Impresso no Brasil

ATAOPA

POESIAS SOLTAS
O EMBRIÃO QUE NASCEU E FOI CRESCENDO...

Curitiba, PR
2025

FICHA TÉCNICA

EDITORIAL	Augusto V. de A. Coelho
	Sara C. de Andrade Coelho
COMITÊ EDITORIAL	Marli Caetano
	Andréa Barbosa Gouveia (UFPR)
	Edmeire C. Pereira (UFPR)
	Iraneide da Silva (UFC)
	Jacques de Lima Ferreira (UP)
SUPERVISORA EDITORIAL	Renata C. Lopes
PRODUÇÃO EDITORIAL	Sabrina Costa
REVISÃO	Ana Carolina de Carvalho Lacerda
DIAGRAMAÇÃO	Bruno Ferreira Nascimento
CAPA	Mateus Porfírio
REVISÃO DE PROVA	Daniela Nazario

*Os maiores e melhores sábios não são aqueles
que edificam palavras, mas sim corações.*

(ATAOPA)

AGRADECIMENTOS

Agradecimentos ao Ser Supremo, o Criador e Pedagogo da vida, pelo sopro da vida. Aos meus familiares, parentes, amigos e a todos que acreditaram e continuam acreditando em mim e na minha capacidade artística.

Dedico esta obra primeiramente aos meus pais, Eva e Cristóvão, e a todas as pessoas que acreditam na capacidade transformadora dos escritores.

SUMÁRIO

INTRO 15

PARTE I
QUESTÕES EMBRIONAIS

1.1 POR QUÊ? POR QUÊ? 18

1.2 PARA QUE VIVER?! 19

1.3 POR QUE ME NASCERAM? 20

1.4 POR QUE O MATASTE? 23

1.5 QUE MUNDO É ESSE? 25

1.6 ONDE ESTAVAM? 27

1.7 QUEM É DEUS? 28

1.8 DE ONDE VEM O SOFRIMENTO? 30

1.9 PALAVRAS QUE PENSO! 32

1.10 POR QUÊ...!? 33

PARTE II
A DOR QUE NASCEU NA PELE

2.1 MALDITO 36

2.2 O PROFESSOR MALFALADO 38

2.3 A ESCOLA CELESTIAL 41

2.4 O CONFUSADO 43

2.5 O MEU INFERNO 44

2.6 MATARAM...! 46

2.7 METAMORFOSES 48

2.8 NÃO ME DESPREZES 50

2.9 A MINHA DOR 51

2.10 NADA VEJO 52

2.11 O CASAL CRENTE 53

2.12 ESTA VIDA 55

2.13 O MORTO-VIVO 56

2.14 O INVÁLIDO 57

2.15 O MATADOR (versão original) 59

2.16 A CASA DA OPRESSÃO 61

2.17 SOU OPRIMIDO 63

2.18 NÃO ME LEVEM A MAL 65

2.19 NÃO TENHO MEDO 67

PARTE III
ENFIM RENASCE A ESPERANÇA

3.1 .... É PORQUE EXISTE AMOR 70

3.2 POESIA É... 71

3.3 A MÃE NATUREZA 73

3.4 AMO-TE 76

3.5 PROCURE O CRIADOR 77

3.6 ENCONTRE A ALEGRIA 79

3.7 ELE É... 80

3.8 QUANDO TE CONHECI 82

3.9 POETA SAGRADO... 84

ATAOPA[1]
ESCRITOS DO MEU PUNHO
PRIMEIRA COLETÂNEA

POESIAS SOLTAS
O EMBRIÃO QUE NASCEU E FOI CRESCENDO...

---

[1] Antão Torres Arrobas, OPOETA

INTRO

Poesia...
É energia, magia,
Alegria.
Mesmo nas noites frias,
Ela tem magia, cheia de fantasias,
Todo dia.
Isto é poesia,
Dias com magias.

.................................//..............................

O amor existe ou é só uma invenção dos homens para estarem mais perto uns dos outros?
Este amor do qual tanto falamos e nunca praticamos. Este amor que é sagrado, divino e que não é bem conservado. Apesar de ser bem guardado, ainda está amarrado, como se fosse prisioneiro.
ATAOPA

PARTE I
-
QUESTÕES EMBRIONAIS

1.1 POR QUÊ? POR QUÊ?

Quando eu nasci,
Eu vi a minha mãe...
A minha mãe alegre.
O meu pai...
Oh! O meu pai saltando que nem uma lebre.
E eu, chorando, mas...
Por que será? O que eu sentia naquele momento...?
Que o mundo é...
Ah! Não sei como explicar,
De tanto recordar,
Até dá pra chorar.
Agora...
Aqui estou, crescido,
Sem saber o porquê de ter nascido.
O porquê de ter chorado...
Quando nasci.
Mas nunca desisti,
de mim.
Aqui estou.
Oh! Meu Deus!
Obrigado, meu Deus, por me ter criado!
Obrigado, minha mãe, por me ter parido!

01/10/2005

1.2 PARA QUE VIVER?!

Eu não sei por que vivo?!
Não sei por que estou neste mundo,
Que nem um moribundo.
Vou até ao fundo do mundo,
Mas não consigo escapar.
Sinto-me desabar.
Não consigo desabafar.
Não entendo por que eu ainda vivo,
Se este lugar não tem sentido.
Sinto-me perdido,
Estou a ser agredido,
Sem poder me defender.
Largai-me, deixai-me!!!
Para que viver?!
Se todos me querem ver a morrer,
A perder???
Isso não posso esquecer.
Não sei o que fazer,
Nem o que dizer.
Deixar-te-ei, óh mundo,
Surdo e mudo!
Abandonar-te-ei.
Por que ainda vivo?!
Sairei daqui.
Não sei para onde vou.
Só sei que tenho o meu Senhor,
Como meu Salvador e Redentor!

10/12/2005

ATAOPA

1.3 POR QUE ME NASCERAM?

Por que me nasceram,
Mesmo sabendo que já não havia lugar para mim?
Mesmo sabendo que eu seria ladrão e aldrabão,
Sem condição,
Sem coração, sem noção e visão?
Por que me nasceram,
Se sabiam que eu seria um *mwangolé*[2],
Monangambé[3], *pepecalé*?[4]
Se sabiam que eu não teria fé,
Que não ficaria em pé,
Nem podia cré?
Por quê?
Se neste mundo não há ofícios,
Nem benefícios,
Só sacrifícios e vícios?
Por que me nasceram,
Se sabiam,
Que seria feiticeiro,
Um *kimbandeiro*[5],
Sem paradeiro,
Sem dinheiro?
Ao menos para o dia do meu enterro!!!
Que erro!!!
Eu não sou ferro,
Não serro.

---

[2] Angolano.
[3] Filho de pobre.
[4] Gíria, creio que significa pequenino.
[5] Kimbandeiro é alguém que é considerado médico tradicional que conhece medicina tradicional usada para combater os males contra o feiticeiro.

Nada quero,
Sou zero,
Porque nunca espero!
Por que,
Se mesmo falando, brincando e correndo,
Não sou uma pessoa normal?
Mesmo sabendo que estava mal,
Mesmo sabendo que só traria azar!
Por que me nasceram,
Se sabiam,
Que eu não teria esperança,
Que seria uma eterna criança,
Sem mudança?
Por que,
Se só existem desgraças,
E distinção de raças?
Mesmo sabendo que eu não faria nada!
Por que não me deitaram[6],
Naquela madrugada?
Por que não me mataram,
Se nunca me amaram,
Sempre me desprezaram?
Eu não pertenço aqui.
Deixem-me ir.
Deixem de fingir.
Que sou igual a vós.
Agora sei quem sois.
Por que, por quê?
Por que me conceberam?
Por que me acolheram,
Se eu não sou deste mundo?
Agora...

---

[6] O mesmo que jogar fora. Em Angola, comumente se usa o verbo deitar fora, ou simplesmente deitar, em vez de jogar fora.

É hora de ir embora.
Não existo.
Já não insisto.
Desisto.
Porque eu não pertenço a este mundo.

1.4 POR QUE O MATASTE?

Por que engravidar,
Se não sabes amar,
Se não tens nem um lar,
Para poder ficar?
Tu nem sabes falar.
Não deves lhe aceitar.
Ele só vai trazer-te azar.
Não o deixes te encostar,
Quando vier te buscar.
Tu deves te afastar,
Senão vais desabar,
E não terás ninguém com quem desabafar.
Se queres namorar,
Vai ao mar.
Nele vais encontrar,
Os peixes a nadar,
E os mariscos a andar.
Por que matar,
Se sabias que não tinham nada para lhe dar?
Primeiro é se formar.
Depois é que é se casar.
Nada vai passar.
O mundo não vai acabar.
Os homens também vão continuar.
Deves pensar,
Para não se "alejar"[7],
E a ninguém magoar.
É dele que vamos precisar.

---

[7] Gíria que significa ferir-se.

Não mates rapariga![8]
E nem escondas a barriga.
Deixai-o crescer, amadurecer,
E engrandecerá a nossa nação.
Ele também já tem coração.
Por que o mataste?
Por que o mataste?

11/12/2005

---

[8] Mulher entre a infância e a adolescência; mulher jovem. De acordo com o dicionário de Língua Portuguesa, somente em algumas regiões do Brasil tem sentido ofensivo ou pejorativo.

1.5 QUE MUNDO É ESSE?

Que mundo é este,
Onde as pessoas já não sabem amar,
Onde todos só sabem estragar,
E nunca conseguem consertar?

Que mundo é este,
Onde a pessoa é obrigada a ser o que não é,
Por causa dos que não sabem viver.

Onde ninguém sabe perder,
Apenas ganhar.
Pessoas que não sabem reconhecer,
Apenas desfalecer.

Que mundo é este,
Onde muitos caluniam os outros,
Porque o querem ver padecer?

Que mundo é este,
Onde só existe maldade, vaidade, crueldade e incredulidade?
Onde a verdade não se faz sentir,
Todos só sabem mentir,
Ninguém consegue desmentir,
Nem corrigir.

As pessoas só podem fingir,
Não podem exigir,
Nem devem sorrir,
Só consentir.

ATAOPA

Tudo que lhes é falado,
Nunca é reclamado.

Que mundo é este,
Meu Deus?!
Que mundo é este?

Se ele fosse palpável, limparia todo o mal que nele existe.
Como não é,
Insistirei, não deixarei e não desistirei.
Farei o possível para ajudar a mudá-lo.

11/12/2005
15/12/2005

1.6 ONDE ESTAVAM?

Onde estavam quando andei rasgado e fui maltratado,
E até mesmo quase morto?
Onde estavam,
Quando estava esfomeado,
Sem beber,
Apenas pensava em morrer?

Mas onde?

Onde estavam,
Quando estava hospitalizado,
Quando andava encadeado?
Onde estavam,
Quando estava a ser acusado de ladrão,
Chamaram-me de aldrabão,
Malandrão?

Oh! Que gente sem coração!
Nem sequer me deram a mão.

Onde estavam?
Mas onde estavam?

16/12/2005

1.7 QUEM É DEUS?

Quanto tempo falta para a tua partida,
Se a tua vida está perdida?

Quando é que compreenderás as coisas?
Já alguma vez tentastes desistir de ti?
Tu sabes toda a verdade ou só conheces a vaidade e a maldade?
Já fizestes alguma vez estas perguntas para ti e tentastes decifrar o
que sabes da vida?

Se sim, faça-os de novo, se não, então, faça-os!
E diga que a verdade não existe.

Fale com sinceridade e bondade.
Se existe alguém que sabe muita coisa sobre a vida,
Este alguém é Deus.

Que nunca disse adeus,
Aos filhos seus.

Quer vê-los num só trilho,
Dentro do seu brilho,
Como Cristo também é,
Somos amados, filhas e filhos.

Ele deu-lhe toda a autoridade, pois é perfeito,
Por não ter defeitos.

Pelo seu grande amor...
A nós, deu-nos toda a esperança para deixarmos de ser imperfeitos.

Se formos fiéis, seremos como Cristo.
Faremos coisas similares às que Ele fez.
Ser como Ele é.
É isso que Ele quer.

Pois Deus é tudo aquilo que existe e vive,
E sabe viver a vida.

1.8 DE ONDE VEM O SOFRIMENTO?

Quando um dia não existir sofrimento,
Nem lamentos,
Então também não existirá vida.
A sociedade estará perdida,
Destruída.

Pelo sofrimento, muitas sociedades foram reconstruídas!

Se nunca lamentastes,
Saiba que não conheces o verdadeiro valor da vida.

A nossa existência...
Não é uma insistência da ciência.
Nem um acontecimento simplesmente histórico.

É um sacrifício,
Para o benefício
De todos nós.

Por vezes dizemos que estamos sós!
Porque Deus nos abandonou!

Só falamos assim,
Quando pensamos que está a chegar o nosso fim.

Quando estamos quase a morrer.
Sem saber,
Que somos nós os causadores,
Das nossas dores,
Dos nossos clamores.

JAVÉ jamais abandonar-nos-á!
Nós é que o abandonamos.

03/01/2006

1.9 PALAVRAS QUE PENSO!

Que linda estrela, observada desta janela!
Contemplei esta vela acesa, estampada nesta tela...
Que vida bela, se na Terra não houvesse guerra!

Os erros podem ser corrigidos...
Os defeitos só podem ser desfeitos.
Pois eles são as causas dos maiores erros,
Por nunca conseguirmos destruí-los.

1.10 POR QUÊ...!?

Por que a vida é assim?
Não sei por que não gostam de mim.

Será que isso só acontece comigo?
Será que Deus já não é meu amigo,
Ou só eu é que sinto que não tenho abrigo?

Por quê?!

Por que me sinto desamparado?
Será que estou mesmo a ser amado,
Ou estão a pôr-me de lado,
E fingem que me amam porque sou tapado[9]?

Será que sou o único que não tenho sorte?

Mas por quê?!

Por que os meus sonhos não se realizam?
Por que os meus planos vão sempre por água abaixo?
Por que sinto vergonha ou receio de algumas pessoas?
Será que sou mesmo um atoa,
Ou só quero uma boa vida?

Por que só vejo coisas erradas a acontecerem ao meu redor?
Por que vejo sempre dor e só ouço clamores?
Será que algum dia encontrarei amor?

---

[9] Sentido figurado, significando estúpido, bronco, ignorante.

ATAOPA

Será que haverá triunfo daqui para frente ou só são ironias,
Que surgem espontaneamente,
Na minha mente,
E depois me deixam descontente e inconsciente?

Por que tudo para mim é duro?
Por que me sinto no escuro?
Será que não mereço respirar um ar puro?
Será que sou o único que tenho furo?

Por que faço estas interrogações?
Será que só existirão arranhões?
Por que só existem lesões,
Para mim?

Por quê?!

Eu também não sei o porquê.
Só Ele sabe.
Só JAVÉ sabe,
O porquê.

Só Ele poderá responder com clareza,
Estas questões embrionárias.

09/02/2006

PARTE II

—

A DOR QUE NASCEU NA PELE

2.1 MALDITO

Maldito foi o dia em que conheci você,
Agora não consigo te esquecer.
Dá-me tanta vontade de te amar,
Eu não consigo me acalmar.

Sou triste por amar-te assim,
Esqueci até de mim.

Por tua causa já não sei...
Se existo ou então desisto...
De mim mesmo ou de ti.

Estou aqui hoje a esperar-te,
A olhar-te,
E sem tempo para pensar em outras coisas.

Somente em ti eu penso.
Quando estavas longe,
Constantemente ficava tenso.

Não sei o que fazer,
Já não consigo mais te esquecer,
Nem parar de te ver.

Deixa-me ao menos contemplar-te,
Talvez não me sentirei só.

Se eu te perder,
Uma vez sem teu dó,
Ficaria parecendo pó.

Que quando é pisado já não sabe reclamar,
Porque não tem ninguém para lhe amar.

Maldito!
Maldito sou eu,
Por amar alguém que me vê como um sei lá quem,
Não sou ninguém.

Maldito sou! Maldito sou!

08/09/2005

2.2 O PROFESSOR MALFALADO

Ele era um excelente professor.
Grande batalhador.
Excelente trabalhador.

Mas por não saber, e nem conseguir pronunciar bem
algumas palavras,
Quase todos falavam mal dele.

Expulsaram-no da coordenação,
Diziam-no que não tinha visão.
Esqueceram-se que ele...
Também tem coração.

Por não conseguir dizer "corrigir",
E muitas outras palavras.

Corrigir ele pronunciava *"corigir".*
Mesmo assim continuava a insistir,
Nunca pensou em desistir.

Mesmo sendo malfalado,
Em toda a instituição escolar,
Dizia que nunca iria se isolar.
Pois tinha muito para dar,
A todos aqueles que desejavam receber.

Nunca foi seu desejo perecer,
Mas muitos o queriam ver padecer.

Aí está o professor malfalado,

Sempre preparado.
Nunca isolado ou atrapalhado.

Porque ao seu lado,
Está alguém.
Mesmo as pessoas pensando que não tem ninguém,
Ele continua bem.

Porém crê também,
Que a sabedoria é uma das melhores companheiras.

Oh! Que maldade!
Que injustiça!

Expulsaram o professor da escola.
Mas ele continuava.
Jamais lamentava.
Apenas esperava.

Que algum dia se fizesse justiça.
Porque não gostava de cobiça.

Ai! Que dor!
Que horror!!!

O pobre professor,
Rico em espírito,
Morreu de fome,
Por maldade dos homens.

É incrível...
É lamentável.

Ele faleceu com a sua Bíblia nas mãos.

Encostada ao coração...
A sorrir.

Isto é verdade.
Não estou a mentir.
Ele foi feliz ao lado do Senhor!

26/11/2005

2.3 A ESCOLA CELESTIAL

Na escola celestial,
Tudo é bestial.
Existe lá um professor genial.
Só há um... nesta escola.

Lá não há diretor nem subdiretor.
Tudo é feito com fervor.
Pois tudo é baseado no amor.

Chegaram dois novos alunos,
– Os novatos são chatos,
Diziam os outros.

Mas o professor os repreendeu.

Os novatos eram o diretor e o subdiretor...
...da escola onde o professor malfalado dava aulas.

Que lhe punham sempre de lado.
Mesmo assim era amado,
Apesar de ser desprezado.

Os dois alunos tinham vergonha.
Seus rostos quase se enterravam que nem cegonhas,
Porque eles eram *kimonhas*[10].
Tudo para eles era risonha.

Mesmo assim,

---

[10] *Kimonha* é uma palavra de origem *Kimbundu* que significa preguiçoso(a). Kimbundu é uma das línguas nacionais de Angola. Usei-a no plural, de maneira aportuguesada.

Para o professor não é o fim.
"Vinde até a mim",
Chamou-os para junto dele.

"Para quê? E por quê?"
Perguntaram-no.

Não tenham medo, ele é amável.

Na escola celestial,
Tudo é bestial,
Tudo é genial.

O amor brilha nos corações de todos.
Aí está a escola celestial.

NB: baseado em fato-fictício
26/11/2005

2.4 O CONFUSADO

Estava num mundo inexistente,
Como sou insistente,
Não queria deixar de fazer coisas más.

Foi quando um dia,
Um grupo devolveu-me a alegria.
Renascendo eu estava, porque quase morri.

Tudo o que sentia...
Só o meu coração podia...
...explicar
Agora sei o que é amar.

Era um *"confusado*[11]*"*,
E hoje alguém me disse...
Que era preciso ser batizado.

Óh! Sim, deve ser.
Para mim não é o fim,
É o início de um grande sim.
Continuarei em pé.

---

[11] Pessoa confusa, sem orientação. É uma palavra poética inventada por mim, pois linguistica-
mente não existe no português.

2.5 O MEU INFERNO

Passei a vida encaixado,
Amarrado e maltratado,
Neste maldito inferno.

Todos os dias sem, pelo menos,
Ver o Sol nascer e mergulhar,
Todo vermelho no mar.

Oh! Meu Deus!
Por que tanto sofrimento?

Este sofrimento que só traz desgraças para mim,
Não posso continuar assim,
Não pode ser o meu fim.

Oh! Maldito inferno!!
Não sei quando vai terminar este sofrimento.
Já não aguento.
Dias e noites lamento.

Quando a noite chega,
Nem sequer vejo as estrelas,
Brilhando nos céus!

Estou parecendo um *"deus"*,
Que perdeu os seus...
Poderes.

Este é o meu inferno.
O meu castigo eterno.

Que vivo,
No meu dia a dia.
Somente JAVÉ é minha alegria!

06/12/2005

2.6 MATARAM...!

Mataram a minha personalidade!
Pois diziam que eu não tinha idade.
De fazer coisas que eu fazia,
Coisas de adulto.

Por que não, por que não!?
Se eu já conduzo[12],
Já sei fazer o "*conduto*[13]".

Mataram os meus projetos!
Dizendo que eu não tinha jeito.
Para eles o que era meu,
Eram apenas objetos.

Perseguiam-me,
Dias e noites.

Não me largavam.
Eles não me amavam,
Me praguejavam.

Diziam-me,
Que eu era miúdo,
Não podia estar no "*dilundo*[14]",
Nem governar no mundo.

Mataram a minha crença!

---

[12] *Conduzir* é o mesmo que dirigir. Em Angola não se usa o verbo dirigir, mas sim conduzir.
[13] A palavra *conduto* aqui acarreta o significado de molho, um tipo de comida típica em Angola para acompanhar o *funge*. Embora em português tenha o significado de canal, tubo.
[14] Esta palavra já nos é familiar, "*morro de salalé, cupim*".

Mas não se esqueçam,
Que tenho a minha fé.
Que apesar de ser o que é,
Estarei firme,
Não pegarei lume.

Mataram o meu corpo!

Escarneceram-me,
Despedaçaram-me,
Esconderam-me,
E atiraram-me aos cães,
Como se fosse pedaços de pães.

Mas esqueceram-se,
Que a minha alma está viva!

Enquanto estiver lisa,
Enquanto ela brilha,
Nunca conseguirão matar-me,
Nem tão pouco *"alejar-me*[15]*"*.

06/12/2005

---

[15] O mesmo que ferir.

2.7 METAMORFOSES

Quando comecei
A minha carreira artística,
Não sabia
O que era poesia.
Nem o que era a música.

As pessoas riam-se de mim,
E diziam que eu falava à toa.
Que cantava que nem uma cegonha.
Que devia ter vergonha.
Que a minha voz não ressoava,
Apenas *ruidava*[16].

Esqueceram que era apenas o começo.
Tudo se decide no fim.
Aquilo era apenas um sinal.
Insistiam e diziam: "você é maluco...
Isso não tem lucro".

Pensavam que nunca conseguiria,
O que eu queria.
Oh! Que gente!
Que gente, descrente!

Se a surpresa fosse uma sobremesa,
Que todos esperam depois do jantar,
Então eu diria: "Não me vou calar".

Tenho energias suficientes,
Para fazer o que faço.

---

[16] O mesmo que rugir ou causar ruído. Mais uma palavra poética inventada.

Pois muitas coisas vêm do farrapo.

Hoje sou um trapo,
Amanhã darei mil passos,
E tudo será melaço,
Escorrendo por mil laços.

Já não sou o mesmo.
Todos que nunca acreditaram em mim,
Acreditarão.

Então!
Suas metamorfoses.
Agora têm vozes,
Para me dar ânimo.

Se quando necessitei de vós,
Abandonastes-me,
Rejeitastes-me.
Olhem o que sois.

Vejam só!
Vejam que tipo de pessoas sois hoje.
Agora dizem: nós.

Se quando precisei,
Nem sequer olharam-me.

Malditos!
Malditos sois vós!
Suas metamorfoses.
Não necessito das vossas vozes sem nozes.
Nem tampouco das vossas cruzes sem luzes.
09/12/2005

2.8 NÃO ME DESPREZES

Quando desprezares alguém,
Pense em ti também.
Saiba que quem é hoje desprezado,
Amanhã será amado.

Que a vida é uma reviravolta.
Que as feras andam à solta,
E o mal está à nossa volta.

Ah! Como é tão bom amar!
Oh! Deus meu!
Como é tão mau estar...
Sem alguém para me animar.

Mesmo que me desprezem,
Eu sei que encontrarei,
Alguém para enxugar,
As minhas lágrimas.
Isso é uma lástima.

Alguém limpará toda a mágoa que sinto...
Estarei limpo.
Já não sei o que dizer...
Mas eu...nem mereço...termino aqui.

2.9 A MINHA DOR[17]

O meu coração já não aguentá.
Cada vez que eu me afasto de ti,
O meu sentimento aumentá.

Quer saber onde você está.
Nem consigo mais ficá,
Sem pensar em ti.

Eu não posso falar mal de ti,
Porque talvez só eu sinto o que sinto.
Talvez o seu coração não esteja a sentir o mesmo.

Já não consigo desistí.
O meu sentimento diz-me para insistí.

Mas o meu coração diz o contrário.
Sinto-me dentro de um armário,
Sem saber como abri-lo,
Sem nada fazer.

---

[17] A forma de escrita de algumas palavras aqui é a forma como se fala muitas vezes, sem a pronúncia do 'r'. Somente para rima poética diferenciada.

2.10 NADA VEJO

Numa manhã de cacimbo,
Ao passar em algum lugar,
Vi um velho com um cachimbo.

Vi o mar,
Gostoso para nadar.
O mar estava calmo.
Eu disse-lhe que o amo.

No horizonte,
Vi algo muito diferente.
Diferente dos deste mundo.
Este mundo...
Surdo e mudo!

Não parava de pensar...
Porque existo.
Não consigo,
Explicar,
O que sinto,
Senão...
Se não minto.

Pois nada vejo!
Só vejo maldade,
Só vejo barbaridade e vaidade.
Nada mais vejo,
Senão estas coisas.

POESIAS SOLTAS: O EMBRIÃO QUE NASCEU E FOI CRESCENDO...

2.11 O CASAL CRENTE

Eles acreditam que a vida é bastante dura.
Pois ainda andam às escuras.
Enquanto a vida é pura.
Ainda não encontraram a verdade que cura.

O casal crente está sempre contente,
Mas não acredita na gente,
Que eles acham descrente.

Para eles, tudo é eterno.
É porque ignoram a realidade do inferno.
Quando saberem mais sobre o terreno,
Entenderão melhor as coisas.

Até as coisas do mundo,
Incluindo a vida carnal,
Para eles é eterno.

Mesmo o inverno,
Tudo é infinito.
Nada pode estragar,
Porque tudo é difícil de se encontrar.

Aí está o crente casal,
Nada para eles é normal.
Tudo corre mal.

Sempre crentes na dureza.
Nem tudo vem da natureza.

ATAOPA

Até mesmo a beleza,
E a gentileza.

15/12/2005

2.12 ESTA VIDA

Esta vida é bela!
Mas se a desperdiçarem,
Ela será como uma casa,
Sem janelas.

Quando veres alguém,
Precisando de ajuda,
Ajuda-o.
Amanhã, serás tu também a necessitares.

Aproveite a vida.
Não se divida.
Não se perca.
Porque a vida pode ser uma cerca.

Quando tentares ultrapassá-la,
Certamente te magoarás,
E então morrerás.

Pois a vida
Está unida.
Nunca estará dividida.

16/12/2005

2.13 O MORTO-VIVO

Pegaram-no,
Maltrataram-no...
... até a morte.

Mas como ele tinha sorte,
Não morreu.
Pois os malfeitores julgaram-no morto.

Todos o odiavam,
Por causa da sua sabedoria.
Diziam que era magia.

Como não era indolente,
Estava sempre contente.
Um jovem benevolente,
Que gosta tanto de gente.

Mataram o jovem bom.
Mas no momento do enterro,
O jovem deu um berro.
Pânico no cemitério.

E ele viveu para sempre feliz,
Porque Deus quis.
Chamaram-no de morto-vivo.

Mas ele não se sentia perdido,
Mas sim ungido.

16/12/2005

2.14 O INVÁLIDO

Ele pensa que ninguém é bom.
Quando ouve um som.
Começa logo a gritar.
Não sabe amar.

Pensa que o bem material, e a sua família, é tudo na vida.

Na sua casa,
Só a sua família pode e deve lá estar.
Senão, põe-se a xingar,
A reclamar consigo mesmo.

Por causa da sua invalidez,
Até nunca fala uma vez,
Nem dez,
Nem números que começam ou terminam com seis.

Acredita somente na sua família,
Porque não sabe o que é partilha.
E assim ensinou também a sua filha:
"Que nada vem de bandeja".

Que assim seja!
Pois jamais aparecerá na TVeja[18].
Mesmo que não veja,
Vai sempre à igreja.
Mas não sabe consolar.

---

[18] TVEJA era uma revista angolana de um dos programas da TPA (Televisão Pública de Angola).

Nem todos nós somos inválidos.
Tu só és
Porque queres.

Olhe que Deus deu-nos tudo de bandeja.
Mas Ele colocou distante.
Numa longa estante,
Para que tu busques.

Se o outro não conseguir,
Partilhe com ele o que tens.
Sobretudo o que és.

19/12/2005
20/12/2005

2.15 O MATADOR
(VERSÃO ORIGINAL)

O matador no matadouro...
Não mata porque não está na mata.

Na mata, a matança é como no mato.
Já que mato é mata.

Matando, o matador não sente dor.
Dasdor, minha prima doutora,
Adoram-na como o Sol dourado.

O doutor, de tanta dor,
Dormiu no dormitório.

E no escritório...
Está escrito "matador".

A dor dos sofredores,
Sofridas com feridas.

Na fileira da feira,
Ferindo as freiras.

Continua o matador,
Sem dor.

Propondo propostas com postos,
Cheia de postas.[19]

---

[19] Pedaços de peixe que se cortam no sentido transversal à espinha.

ATAOPA

Convencendo os desconvencidos.[20]
Aí está o matador,
Cheio de dor.

Para lhe pôr na praia, com a sua tortura.
Mas não está torto.

E não contorna,[21]
Pois já está entornado!

---

[20] Do verbo desconvencer: não ter convicção.
[21] Do verbo contornar.

2.16 A CASA DA OPRESSÃO

Na casa da opressão,
Existe alguém que tem visão
Muito ampla das coisas.

E tem a missão
De acautelar os corações dos oprimidos,
Que se sentem desumanizados.

Sem serem amados,
Com o verdadeiro sentimento de afeição e atenção.

Nada se pode fazer,
Senão esquecer,
O que se ouve e o que te fazem.

A palavra coragem,
Nunca falta.

Porque tornou-se pão cotidiano.
Repetimos todos os anos.

Que quem está com o fulano,
Que não sabe o que é amar,
Nunca deve se sentir dobrado em quentes panos.

Nesta casa,
Tudo que tu falas é poeira.
Porque o lugar dela é na areia.

ATAOPA

Nada podeis fazer contra ela,
Pois o maior está sobre o total domínio dela.
Até a própria janela,
Está ligada nela.

04/01/2006

A opressão não é só externa, mas também interna. E quando ela chega ao coração, perdemos a visão e o sentido benevolente das coisas.

2.17 SOU OPRIMIDO

Sou oprimido.
Por isso ando deprimido.
Será que isso é um castigo?
Será que Deus não está comigo?

Nem parece que tenho abrigo.
Neste lugar, nada consigo.
Nem tenho amigos,
Já nem tomo "Leite Nido".[22]

Até os mendigos...
Dizem que estou perdido,
Que nem preciso ser agredido,
Para parecer um enlouquecido.

Já fui esquecido.
Mas estou a ser enriquecido.
Qualquer dia serei querido.
Não penso em ser bandido,
Para depois ser cuspido.

Até pareço um passarinho,
Sem ninho,
Sem caminho.

Para dar continuidade à minha caminhada,
Encontrarei carinho,
E um caminho sem espinhos.
Não estou sozinho.

---

[22] É uma marca de leite em pó muito consumido em Angola.

A opressão está a fortalecer a minha visão sobre as coisas.
Assim não me assustarei mais,
Agora sei de onde vem a paz.

04/01/2006

2.18 NÃO ME LEVEM A MAL

Não me levem a mal,
Porque sou carnal.
Eu não danço Carnaval,
Pois tenho moral.

Não me deixem no sisal,
Não me deem comida sem sal,
Só por dizer que o erro é natural,
Por falar que cometer é normal.

Não penseis assim de mim,
Ainda não é o meu fim.
Mesmo que eu faça as coisas tintim por tintim[23],
Não podem condenar-me,

Pois nada cometi.
Não matei ninguém.
Se magoei alguém,
Perdoem-me.

Sei que já cometeram também.
Existem muitas coisas além!
Não me batam.
Se quiserem, me matem.

Porque vós pensais,
Que já não devo existir?
Podem rir.
Mas deixem-me ir,

---

[23] Tintim por tintim significa algo feito minuciosamente.

ATAOPA

Porque alguém irá me conduzir.
Não penso em desistir.
Desejo insistir.
Estarei sempre firme,
Pois não cometi nenhum crime.

07/01/2006

2.19 NÃO TENHO MEDO

Eu não tenho medo!
E nunca tive, de algum dia cair.
Mesmo alguém dizendo que estou a me distrair,
Não quero e nem desejo me destruir.

Já sei muitas coisas sobre a vida.
Nenhuma delas está perdida,
Muito menos partida,
E nem dividida.

Quando alguém cai,
Significa que existem muitos obstáculos no seu caminho.
É necessário andar devagarinho,
Com todo carinho.

É que é preciso perseverança,
Para que o destino não o arraste.

Muitas coisas boas eu descobri,
Quando senti,
Que perdi,
Os costumes dos nossos antepassados.

E notei que era necessário enterrar o passado,
Para progredir com ideias do presente.

Porque seguindo as ideias existentes,
É que muitas pessoas viveram e foram conduzidas
A um mundo inexistente.

Que é o mundo das mentiras,
Do encobrimento das coisas.

Não tenho medo de perder,
Um fio do meu cabelo.
Pois o Senhor sabe guardá-lo.

Porque toda a vida é um obstáculo, onde nós temos de
remover sempre
O que nela encontramos,
Para poder passar, ou dar continuidade à nossa trajetória.

09/01/2006

PARTE III

—

ENFIM RENASCE A ESPERANÇA

3.1 ...É PORQUE EXISTE AMOR

Se tu és o que és...
Graças ao amor.
Se algum dia a tua dor acabou.
Se ainda vives,
Mesmo fazendo o que fazes,
Dizendo o que dizes.
Dê graças por existir amor.

Por haver alguém que te dá calor,
Que te ajuda nos momentos de temor e clamor...
...É porque existe amor.

Se alguém quiser...
...dizer e haver desentendimentos entre vós...
Pensais que não estais sós.

Existe um só sentimento,
Com um só pensamento.
Digo-vos, ó incompreensíveis...inúteis,
O amor não morre e nunca morrerá.

17/11/2005

3.2 POESIA É...

Poesia é olhar numa criança,
Cheia de esperança, pensando na mudança.
Poesia é estar consciente, e ciente do que falas.

Pensar nas salas vazias,
Com mentes cheias de energias.
Mentes sem magias,
Sem fantasias.

Poesia é...
Poesia é olhar para o horizonte e construir o presente.
Não estar ausente,
Quando o outro está contente ou descontente.

Poesia é ajudar.
Amar os seus...
...os seus eus?
Não sei, se isso é!

Poesia é...
Eu sou poesia...o que eu queria.
O que não existia.
Poesia é o que eu sentia.

Ela é alegria infinita.
Como a Zita,
Que visita,
Sem cessar,
O mar.

ATAOPA

Já não sei o que dizer.
Senão vou esquecer.
Tudo é poesia,
Porque eu sou poesia.
E tu também és poesia.

17/11/2005

3.3 A MÃE NATUREZA

A natureza é cheia de segredos, e também de beleza.
Ah! É tão lindo viver com ela!
A minha janela,
Fica perto dela.
Jamais esquecê-la-ei.

À noitinha,
Quando eu tinha,
A minha velinha,
Punha-a sobre a janela.
Para poder vê-la.

Ela é mais linda que a Cinderella.
A minha vida depende dela.
Por isso nunca vou deixá-la...
...nem adoecer, e muito menos morrer.
Não posso perdê-la.

Ela deve viver.
Vou amá-la.
Nunca irei desanimá-la.
Porque é minha mãe.

Oh! Minha mãe!
Quão benevolente e inteligente és.
Que até posso compará-la à Moisés,
O grande profeta.
Porque pra mim tu és profetisa.

ATAOPA

Os teus filhos estão a abandonar-te.
Mesmo assim,
Continuas em pé, pois és sem fim.
Olhando para mim,
Dizes sempre sim.

Quando te peço perdão,
Tens um coração,
Perseverante.
Não "desanimante".[24]

És brilhante como diamante.
E muito mais brilhante que o ouro.
Mais que um tesouro.
Não sabes o que é maldade.
Somente conheces a verdade, a sinceridade,
Nunca tens vaidade.

Jamais irás desanimar os teus filhos,
Porque tens um brilho...
Inesquecível,
Inexplicável,
Sensível.

Tu és amável.
Mesmo com aqueles que te fazem mal.
Pois és contra.
Não tens código penal,
Para os malfeitores.

Por vezes, mesmo sendo maltratada,
Abandonada e desamparada,

---

[24] O mesmo que *desanimadamente*.

Continuas firme.
Nunca cometestes nenhum crime.

Mas tens ciúmes.
Por danificarem o teu perfume.
Subindo ao teu cume,
Consigo estar mais perto.
Este é o rumo certo.

Estar junto de ti, e conseguir cuidar-te,
Abraçar-te,
Amar-te,
Fazer coisas aos teus olhos agradáveis, amáveis.

Óh! Mãe, se pudesse, falaria tudo sobre ti.
Nem mesmo em diversos livros caberiam.
Tudo que queria é dizer: amo-te, mãe.

22/11/2005

3.4 AMO-TE

Amo-te como a chuva de dezembro.
Porque é só de ti que eu me lembro.

Amo-te como o nevoeiro no celeiro.
Sinto-me como se fosse teu herdeiro.

Amo-te feito cordeiro,
Pois o meu amor é verdadeiro.

Sem ti...
Ah! Sem ti...

Sinto-me sem paradeiro.
Mesmo que eu seja padeiro,
Só por amar-te.

Amo-te como a chuva que ao cair...
Não se deixa distrair.
Beija a terra só de saudades,
Apesar das idades.

Já não há guerra,
Acabou a maldade.
Só reinará a verdade.

Apesar de tudo,
Eu amo-te...
Minha terra,
À minha maneira.
És querida e bela.

03/11/2005

3.5 PROCURE O CRIADOR

Viver, para quê?
Se o amor não existe,
Eu também não existo.

Desisto da vida.
Eu não sei para onde vou.
Não sei de onde venho.

Se venho da geração dos meus pais.
Não faço nada neste universo.
Viver não mereço.

Devo esquecer dos outros e de mim.
Para que viver assim,
Se não sei quando é o fim?

Chegou a hora, de deixares esses pensamentos iníquos
Olhe à tua volta...
Vês?

A natureza cheia de beleza,
Com tanta gentileza,
A fornecer-te o que precisas.

Não desistas.
Deves continuar sem desanimar.
Porque tudo e todos viemos do mesmo criador.

Até o amor...

Todo o amor vem de Deus.
Seja lá como o homem define-o, ou como divide-o.

Por esta causa eu digo-te:
Só Deus tem a definição exata e correta.
Procure o criador,
O nosso Senhor,

E acharás respostas das tuas perguntas.
Não terás dúvidas.
Se ficares atento aos sinais dos tempos que Ele te dar.

3.6 ENCONTRE A ALEGRIA

Desde o dia que encontrei a alegria,
Nunca mais me desanimei.

Para mim, a fantasia
Faz parte dela.

Basta ter energia,
E conseguirás fazer a magia, da alegria.

Acho que jamais deixá-la-ei.

Encontre a alegria,
E serás feliz.

Mas não te esqueças das outras coisas.

Senão ela desaparecerá,
Nunca conseguirás reencontrá-la.

Encontre-a,
E de certeza que serás animado e amado para sempre.

19/12/2005
20/12/2005

3.7 ELE É...

Ele é do Oeste, do Este e do Norte.
Um jovem forte.
Pois tem muita sorte.
Querem sempre dar-lhe um corte.

Teve uma infância,
Sem esperanças.
Como a vida é feita de mudanças,
Ele continua em pé,
Com a sua fé.

Era uma criança inocente.
Não sabia o que fazia.

Passou toda a sua adolescência,
Sem conhecer as ciências.
Da benevolência, paciência e resistência,
Apenas conhecia a sua inocência.

Já cometeu barbaridades,
Sem saber o que era a verdade.
Caminhava com a sua maldade,
Porque não sabia o que era sinceridade.

Não sabe o que as pessoas pensam dele,
Se têm ou não confiança nele.

Mesmo com as besteiras cometidas.
Agora só pensa na vida,

E não nas coisas sofridas.

Por isso...
Ele é o que é,
Porque ele quer.
É assim o que ele é.

29/12/2005

NB. *Creio que o sofrimento é também uma experiência de vida divina.*

3.8 QUANDO TE CONHECI

Há dias em que o Sol brilha no meu rosto.
Desde os primeiros dias que te conheci,
Foram os primeiros dias de encanto.
E os outros, foram de dor e pranto.

Eu te quero tanto,
Não sabes o quanto...!
Gosto de ti,
Porque jamais tive outro trabalho,
Senão o de pensar em ti.

Vou contigo até ao Calvário,
Para não haver atrapalho.[25]

Nem sequer sou sonhador,
Pois só sinto dor.
Não tenho amor, nem calor.

As tuas palavras são além dum livro.
Como um barco,
Sem destino,
Em que me sinto balouçar.

Simples, inocente,
Mas não ausente.
Estou contente.

Não precisas falar.
Sou feliz só de te olhar.

---

[25] Do verbo atrapalhar. Modificado por mim.

POESIAS SOLTAS: O EMBRIÃO QUE NASCEU E FOI CRESCENDO...

Contigo ao meu lado,
Nunca fico isolado.
Fico com certo espanto,
Quebrando o meu encanto.
É porque de TI...eu gosto tanto!

3.9 POETA SAGRADO...

O poeta sagrado,
Nunca está abalado,
Nem acanhado,
Porque é consagrado,
Abençoado,
Por JAVÉ.

Pela sua fé,
Estará sempre em pé.
Pois sabe perder...
E também esquecer,
As coisas más.

Muitos pensam que ele é maldito,
Mas ele é bendito.
El poeta sagrado,
Abençoado.

01/01/2006

ESCRITOS DO MEU PUNHO
SEGUNDA COLETÂNEA

O RENASCER DE UM POETA QUE
JÁ HAVIA NASCIDO, QUE FALA ESCREVENDO...
"IN INSPIRAÇÃO DIVINA"

SUMÁRIO

PARTE I
INSPIRAÇÕES LAMENTÁVEIS:
LÁGRIMAS DE SANGUE

1.1 TERRA MINHA...92

1.2 MINHA MAMÃ..95

1.3 DE PRINCÍPIO...97

1.4 TIA CONCEIÇÃO...98

1.5 JÁ NÃO SOU O MESMO.......................................100

1.6 INÚMERAS VEZES..101

1.7 SÓ ELE SABE…...103

1.8 JÁ NÃO ME QUEREM...104

1.9 A MINHA VIDA..106

1.10 NADA SE PODE FAZER......................................108

1.11 TUDO MUDOU…...110

1.12 O ESQUECIDO..112

1.13 LÁGRIMAS DE SANGUE....................................114

1.14 EU SOU…..116

1.15 MAIS UM DIA..117

1.16 LÁ SE FOI…...119

1.17 LÁ FICOU…...121

1.18 PARTI…...123

1.19 O TONTO SEM DESCONTO..............................125

1.20 O QUE FIZERAM..127

PARTE II
INSPIRAÇÕES QUOTIDIANAS:
ESCONDERIJOS DA VIDA

2.1 PÁSSARO PERDIDO 130

2.2 POR SER...131

2.3 A VIDA É ASSIM..133

2.4 AS COISAS MUDARAM 135

2.5 SUGARAM 136

2.6 TROPEÇOS 138

2.7 ENQUANTO NÃO ESTUDO......................................140

2.8 O NOSSO QUOTIDIANO..142

2.9 A VIAGEM...144

2.10 QUANDO PERECER 146

2.11 NÃO SOU ADULADOR 147

2.12 OLHEM 149

2.13 ESCONDERIJOS DA VIDA 151

2.14 ESQUECERAM 153

2.15 COMEÇO... & FIM...155

2.16 OBSERVANDO A MULTIDÃO..................................157

2.17 EU FOI..158

2.18 INCERTEZAS 159

PARTE III
INSPIRAÇÕES PROFUNDAS:
NAS PROFUNDEZAS DO ALÉM

3.1 DESTERRO DESENFREADO.....................................162

3.2 CULTIVASTES..163

3.3 A EMBOSCADA 164

3.4 A SACRIFICAÇÃO...165

3.5 CONFUSA POESIA *"Mixagem"* 167

3.6 CONFUSA POESIA *"Tradução para a linguagem usual"* 168

3.7 O TRANSEUNTE PRÔPEGO 169

3.8 PROFUNDA DOR 171

3.9 OS HOMENS CHORAM 172

3.10 O QUE EU SEI... 173

3.11 SE NASCEMOS... 174

3.12 O QUE É QUE ME ESPERA? 175

3.13 SEM TÍTULO 1 176

3.14 GOSTARIA...! 177

3.15 O MATADOR 178

3.16 DESESPERO. 179

3.17 PAZ DEFINITIVA. 180

3.18 *REFLEXÃO* – MATUTINO PARA A CONSCIÊNCIA 181

3.19 SEM TÍTULO 2 182

3.20 AS PROFUNDEZAS DO ALÉM 183

PARTE IV
INSPIRAÇÕES DA ALMA:
INEXISTÊNCIA INEXPLICÁVEL

4.1 NÃO GOSTARIA... 186

4.2 SEM HERÓIS 187

4.3 POETA CALADO 188

4.4 LIBERDADES ENCARCERADAS 189

4.5 IMPOSSIBILIDADE 190

4.6 ALGO POR DESCOBRIR 191

4.7 NÃO SEI...! 192

4.8 EU PENSO. 193

4.9 INEXISTÊNCIA INEXPLICÁVEL 194

4.10 LEVITAR. 196

4.11 A PRIMAVERA! 197

4.12 TAMBÉM LOUVAM. 198

4.13 A CIDADE CONTEMPLADA 199

4.14 ERA PLANO EMBRIÃO 200
4.15 CASTÍSSIMO ÉS, EXEMPLO ÉS 201
4.16 O MENSAGISTA INVENTISTA 202

PARTE V
INSPIRAÇÕES AFETIVAS:
PROFUNDEZAS DA NOSSA ALMA

5.1 MAIS QUE AMIGO 204
5.2 FELIZES E TRISTES DIAS 205
5.3 FILHA DA MULHER 207
5.4 APAIXONEI-ME, MAS NÃO ME RESPONDEU... 209
5.5 AMEI-A E NÃO ME CORRESPONDEU 210
5.6 ...É O AMOR 211
5.7 QUERO 212
5.8 AMAR O AMOR 213
5.9 PAIXONETE DE DEZEMBRO, 19/2007 214
5.10 COMO POSSO...?! 215
5.11 O FOGO DA PAIXÃO 216
5.12 MAIS PROFUNDO DA NOSSA ALMA 217
5.13 MULHER 219
5.14 MEU ENCANTO 220

PARTE I

—

INSPIRAÇÕES LAMENTÁVEIS: LÁGRIMAS DE SANGUE

ATAOPA

1.1 TERRA MINHA

Malanje, terra minha.
Minha galinha,
Lindinha rainha.

Há quanto tempo,
Que eu tento,
Esquecer-te.

Não te vendo,
Não me contento.

Só você,
Pode merecer,
Tanto carinho.

O seu ninho,
É como de um passarinho,
Que não deixa sozinho,
Os seus filhinhos.

Neste caminho,
Não estás só.
Não te deixarei seres pó.

Tens bastante dó,
Para seres trocada por outra.

Não é por teres a Palanca,
És minha alavanca.

Tu és como lança.
Não fazes cobranças.

A esperança
É a tua conselheira.

Não obstante as *Quedas de Kalandula*,[26]
Recebes todos com duas mãos.
Assim como a *Lambula*[27] e a *Tambula*.[28]
Minha mãe, sei que não *lundulas*,
Nenhuma *ngandula*.[29]

Oh! Quão belíssima tu és!
Apesar da escassez,
Deus te fez...
Linda.

Maravilhosas são as águas dos teus rios,
Tão escorregadios,
Sábios e sadios,
Que acolhem até os gentios.

Tens a frescura que cura, para lhes dar.
Mesmo àqueles que não sabem nadar.

Existem tantas coisas dentro de mim,
Que não terão fim,
Se eu as exprimir.

---

[26] As Quedas de Kalandula são quedas de águas localizadas no município de Kalandula, província de Malanje – Angola.

[27] É um tipo de peixe muito consumido em Angola. Coloquei aqui simplesmente para rima poética.

[28] Da língua kimbundu, significa receba ou receber. Também colocado para rimar.

[29] Uma expressão do calão angolano (gíria), acarretando um significado diferente de Gandula usada no Brasil.

Nem nos livros de grande porte caberão.
Só mesmo no meu coração terão...
Um lugar seguro.
Não estarão no escuro.

09/01/2006
10/01/2006

1.2 MINHA MAMÃ

Minha Mamã,
Vem de lá,
De outro lado,
Onde as mulheres são consideradas sem visão.

Nem têm consideração.
Mas ela tem coração,
Capaz de sentir e distinguir,
As más coisas das boas.

Da Ciência, ela não tem conhecimento,
Mas, sim, tem o meu reconhecimento.
Porque sei que tem mais do que sentimentos.
Tem ideias e pensamentos...
Amplos.

Que se eles fossem considerados,
O mundo inteiro teria mudado.

Mas os teus sentimentos, conhecimentos, ideias e pensamentos,
Foram quase sempre pisados,
Maltratados.

Mesmo assim,
Não é o teu fim.

Continuas a ser a minha mãe,
E jamais deixarás de o ser.

ATAOPA

Mulher trabalhadora,
Protetora e respeitadora.
Tu és minha mamã,
Nunca deixarás de ser o que és.

10/01/2006

1.3 DE PRINCÍPIO

De princípio,
Há ignorância.

Em vez de esperança,
Ainda colocam espinhos,
Em meu caminho.
Para magoar-me.

Mas todo princípio tem um fim.
E todo o fim tem um começo.
Se dizem e pensam que não mereço,
Isso é só o princípio.

Não encontrarei precipício.
A esperança para mim é infinita.
Jamais morrerá.

11/01/2006

1.4 TIA CONCEIÇÃO

A tia Conceição,
De tanto ver Malhação[30],
Ela perdeu a noção,
Do verdadeiro sentido das coisas.

Pensa que tudo o que é dela,
Estará sempre em sua casa,
No mesmo lugar,
Até na próxima encarnação.

Já não tem visão.
Apenas conhece opressão.
Até a estação...
Nada mudará.
Tudo se poupará.

Ela quer ser como uma rica.
Que nem a Xica e a Drica.
Andar de um Prado com AC,
Bem apetrechado.
Para as pessoas dizerem que é *muata*.[31]

Até parece que tem para comprar um, ao menos de *lata*.[32]
Titia fala todos os dias,
Quer que seu marido...
Seja despedido,
E torne-se dependente dela.

---

[30] Referência à novela brasileira.
[31] Significa pessoa que tem dinheiro, importante e com autoridade, rica.
[32] Carrinhos feitos por crianças, para crianças brincarem.

Para dizer que ela é, eh eh...
É isso que ela quer.
Poder,
Para fazer sofrer.

Coitadinha!
Esqueceu que um dia tornar-se-á numa "areinha",
Que servirá para construir as casas das andorinhas.

11/01/2006

1.5 JÁ NÃO SOU O MESMO

Já não sou o mesmo,
Agora sou o "Memo".
Tornei-me alguém,
Que nem eu sei também...
Quem é.

Nada sei sobre o meu ser.
Tento esquecer,
Mas não consigo.

Nada sei sobre a minha personalidade,
Tudo para mim é vaidade.
Já não conheço a verdade,
Só a mentira.

Nem comigo mesmo,
Consigo falar como deve ser.
O que é que eu fiz,
Para o merecer?
Só não quero me perder.

Nada sei sobre a minha pessoa,
Nem mesmo quando o vento ressoa.
Não sei quem sou.

Já não sou eu que existe.
Não me conheço,
Nem tampouco me reconheço.

11/01/2006

1.6 INÚMERAS VEZES

Inúmeras vezes...
Sem fastio,
Vejo a minha vida por um fio.

Sinto até frio,
Grande calafrio,
Na alma.

Mesmo estando na cama,
Procuro a calma,
E me vejo na lama.

Junto de um *guarda-lama*,[33]
No parque da *Kissama*.[34]

Não sei o que será de mim,
Não compreendo por que é assim.

Inúmeras vezes pergunto-me,
Quando será o meu fim?
Será que Deus já não me quer?

Mesmo assim, eu espero.
Apesar de não ser sempre sincero,
Não pretendo desistir.

Mas não entendo.

---

[33] *Guarda-lamas* é um nome também conhecido como *para-lama*, penso em alguns lugares. Sei que no Brasil é usado o nome "guarda-lama".

[34] Uma das reservas naturais de Angola que fica na província do Bengo.

ATAOPA

Tudo o que faço,
Não tem melaço,
Nem laço.

Só inchaço,
Cansaço.
Tudo é descompasso.

Estou em pedaços,
Descalço,
Sem saber como controlar os meus passos.

11/01/2006

1.7 SÓ ELE SABE...

Só Ele é capaz,
De dar-me a paz.
Porque eu não sei mais,
Estou parecendo um *"dilagi"*.[35]

Nem sei que cor é lilás.
Só Ele me compraz.
Já não tenho gás.

Só Ele sabe...
Só Ele sabe, o que será daqui pra frente.
Que Ele me acompanhe sempre.

Só Ele sabe, que tudo o que faço é bom.
Ele sabe que tenho dom,
Não de comer bon-bon.

Se alguma coisa má fiz,
Pardon,
Mio paron.

11/01/2006
12/01/2006

---

[35] Da língua kimbundu. Significa maluco(a).

1.8 JÁ NÃO ME QUEREM

Já não me querem,
Porque já sou crescido.
Estou a ser perseguido.
Acham que estou bem protegido.

Já não mereço viver neste abrigo,
Dizem que já estou fora de perigo.

Já não me querem ver a viver.
Isso não pode acontecer.
Quando vejo um novo amanhecer,
Pergunto-me se vou perecer.

Já não me querem,
Só me ferem,
Porque acham que sou rebelde.
Quando têm sede,
Até água ninguém me pede.

Se não me querem,
Deitem-me[36] no musseque.
Talvez eu seque,
E aí morra, de fome e febre.

Às vezes eu penso em matar-me,
Mas lembro-me de que existe alguém,
Que continua me amando também.

---

[36] Lembrar aqui que no contexto brasileiro significa *jogar fora*.

Para além,
Tem dendém,
Para cuidar,
Amar e não a deixar chorar.

12/01/2006

ATAOPA

1.9 A MINHA VIDA

A minha vida tornou-se um inferno,
Num castigo eterno.
Nem sei mais utilizar os termos.
Não sei distinguir o verão do inverno.

A minha vida é um veneno,
Agora sou pequeno,
Sou nada.
Esqueci que Lada,
É uma marca de carro.

Tornei-me barro,
Só conheço cigarro.
Já nem varro,
Só farro.[37]

Dias e noites,
Vou em boates.

A minha vida...
Está perdida,
Esquecida,
Despedida,
Da lista dos vivos.

Sou pó,
Ando só,
Que nem Ló,

---

[37] Do verbo farrar.

POESIAS SOLTAS: O EMBRIÃO QUE NASCEU E FOI CRESCENDO...

Que come nó.
Não tenho dó.

Ai! A minha vida!!!
Não consta em nada,
Não presta para nada,
Nem no Sida.

Foi perdida,
Devolvida...
Ao seu dono.
Não sou nem colono.

Esqueci-me do sono,
Já nem como.
Estou morno.
De tanto pensá-la,
Resolvi dispensá-la.

12/01/2006

ATAOPA

1.10 NADA SE PODE FAZER

Nada se pode fazer,
Senão esquecer,
Obedecer e conceder.

Aqui só existe ditadura,
Tem de se aceitar às escuras.
Não há censura, nem procura,

Pois tudo que se fala é puro,
Nada tem furo.

Porque deve-se cumprir o ditado:
"Eu que mando e dou ordens e mais ninguém".

Nada se pode fazer,
Senão esperar perecer,
E padecer ou mesmo enlouquecer.

Tem de se ficar fechado,
Calado,
Feito um verdadeiro cordeiro,
Pronto a ser sacrificado.

Como é que alguém não se torna malvado?
Se isso é o mesmo que ser maltratado?

Ninguém é mais contratado,
Nem pode ser malfalado,
Só por cometer um pequeno erro.

Assim não dá,
Não dá para viver,
Porque nada se pode fazer.

12/01/2006

1.11 TUDO MUDOU...

Tudo mudou...
Até as coisas imóveis.
Vejo muitos telemóveis,[38]
Mas eu não tenho.

Eu não desdenho,
Estas coisas, para mim, só existem nos desenhos.
Por mais que eu dê todo o meu calor,
Não me dão valor,
A função que eu desempenho.

É verdade!
Não falo por maldade, vaidade ou incapacidade.
Já não há variedades.
Talvez só maldades.

Tudo mudou.
Até o modo de se comunicar.
Já não sabem amar,
Só me desanimar,
Me desamparar,

E me fazer pensar,
Em coisas que não devia.
O que não escrevia,
Agora escrevo.

---

[38] Celulares. Lembrar de que em alguns países lusófonos, como Angola, se chama telemóvel.

Incluindo o enlevo...
Reclama,
Que estou na lama,
Por cima das escamas.

12/01/2006

1.12 O ESQUECIDO

Ele anda esquecido,
Meio perdido.
Esqueceu-se a si mesmo,
E a missão que lhe foi incumbida.

Esqueceu do mundo,
Parece um moribundo,
Foi ao *dilundo*,[39]
E viu que daí não é oriundo.

De lá...
Pegou na sua mala,
Atirou-se na vala,
E apareceu numa sala.

Mas quem fez esta escala,
Se quando ele morrer, será enterrado na sanzala?[40]
Na aldeia de Tundavala?[41]
Oh! Kalala!
Por que se cala?

Se Deus não quer que você perca a cabeça?
Não se esqueça,
Que apesar de seres assim,
Ainda não é o teu fim.

Esquecer não é tão ruim...

---

[39] Morro de Salalé. No Brasil é conhecido como *cupim*.
[40] Aldeia ou pequena povoação. O mesmo que senzala no Brasil.
[41] Uma Fenda natural situada no província da Huila – Angola.

Tal como pensas.
Ser esquecido,
Não é ser bandido.

14/01/2006

1.13 LÁGRIMAS DE SANGUE

A opressão atingiu-me o coração,
Fiquei estendido no chão,
Sem ninguém para me dar a mão.

Quando lá do fundo,
Ouvi uma canção,
Que me chamou atenção.

De tanto chorar,
Não consegui me reanimar,
Não tinha ninguém para me consolar,

E chorei,
Lágrimas de sangue...

Derramei,
Lágrimas inexistentes!

Toda a gente estava ausente,
Quando precisei.
Me cansei,

Te tanto lamentar.
Não consegui andar,
Nem falar.

Lágrimas de sangue derramei!
Chorei...
Lágrimas sangrentas,
Cinzentas,

Vermelhas, que nem de um Cordeiro.
Assim como Cristo no Calvário, era tudo verdadeiro!

Escorriam na face,
Como se fosse vermelho-alface...
Em abundância.

Estou parecendo uma criança,
Sem herança,
Sem esperança de mudança.

Derramei lágrimas carentes!
Chorei lágrimas doentes!
Eram mesmo lágrimas de sangue!

Que nem o sumo Tang...
Expirado,
Que estava a ser deitado.
Nunca vi!!!

Acho que é o fim do mundo.
Estava no *dilundo*,
E espalhou-se num segundo.

Por isso...
Espalhei lágrimas de sangue,
Por toda a parte,
E deixei-as escorrer por todo o corpo.

18/01/2006

Esta poesia foi baseada em um fato, quando alguém dizia que chegariam dias em que algumas pessoas por ela tuteladas...chorariam lágrimas de sangue.

Não há ninguém neste mundo que por mais que chore, não exista para ele(a) algum dia ou motivo de alegria. Se existe tristeza, existe alegria. Quem está triste hoje, tem esperança de algum dia sorrir e alcançar a alegria. Certamente, a alegria eterna é a maior.

1.14 EU SOU…

Eu sou do Leste, Oeste, Sul e Norte,
Sou bastante forte.
Tenho muitíssima sorte,
Querem-me sempre dar um corte.

Como não temo a morte,
Permanecerei firme,
Com o meu perfume.

O meu charme,
Não é um alarme.
Seguro um grande leme,
Para que o vento não me leve.

Eu sou o que sou,
Porque é assim que tenho de ser.
Nada mais pode acontecer,
Para além daquilo que está no meu destino.

Mas eu não me deixo arrastar por ele.
Sei o dia do meu nascimento,
Por meio dos meus pais.

Mas não o dia do meu falecimento,
Se morrerei nos cais,
Ou noutro lugar.
Só Ele sabe…
Só Ele sabe onde e como.

21/01/2006

1.15 MAIS UM DIA

Mais um dia se foi,
Nada fiz,
Ainda não estou feliz.

Não consegui o que eu quis,
Mas o meu Senhor me diz,
Que é necessário ser aprendiz,
Para depois pedir bis.

Só assim terei a minha perdiz,
A minha embaixatriz e atriz.

Todos os dias passaram,
Mas as mágoas sobraram.

Mais um dia acabou,
E nada sobrou.
Até os mortos deixaram-me!
Todos os seres do planeta abandonaram-me.

Os dias vão passando,
O meu fim está chegando,
Eu continuo sobrando.

Os maldosos estão falando,
Que estou morrendo,
Sofrendo.

Porque não estou comendo,
Nem bebendo.

ATAOPA

Os dias passam muito depressa,
Mas nada cessa.

Mais um dia,
Depois outro,
Já estou roto,
E no esgoto.

Paralisado, morto,
Como uma foto...
Que foi queimada.
Só há resíduos de cinzas, e mais nada.

22/01/2006
23/01/2006

1.16 LÁ SE FOI...

Lá se foi...
Mais um dia,
Sem democracia,
Acrobacia e fantasia.

O meu sonho de advocacia.
Foi-se com a magia...
...da Filosofia.

Mas a Teologia...
Deu-me alegria,
Certeza...
De que a natureza,
É cheia de beleza.

Lá se foi mais um ano!
Continuo coberto de panos.
Sem saber quem é fulano ou sicrano.

O vento levou toda a minha vida,
E a multidão ficou sentida.
As minhas esperanças foram.
Até as crianças choram,
E perguntam-se: por que que é assim?

Será que é o fim,
Ou o tempo só quer gozar[42] de mim?

---

[42] Verbo usado normalmente em Angola sem sentido pejorativo, significando *brincar de mau gosto, fazer troça*. No contexto deste poema, significa *desfrutar*.

ATAOPA

A minha idade se foi,
O coração ainda dói.
Porque nada se constrói,
Só se destrói.

Tudo e todos foram arrastados pela grande tempestade.
Só há invalidade, vaidade, incredulidade e maldade.
A verdade, a bondade, a sinceridade e a irmandade,
Foram levadas,
Lavadas e peneiradas.

23/01/2006

1.17 LÁ FICOU...

A minha vida toda ficou lá.
Aqui já não dá.
Ah! Minha mamã!
Dá-me vontade de chorá.

Não tenho ninguém para me consolá,
Nem para me ajudá.
Não sei onde morá.

Já não consigo amá,
Porque lá ficou...
Lá ficou o meu coração.

A minha canção...
...do inverno e verão.
Então! Quero a sua mão,
A sua atenção.

Necessito de uma visão,
Para abrir a minha audição.

Eu sei que lá ficou...
Tudo o que sinto,
Não minto,
Eu me consinto,

Em dizer,
Que Malanje,

ATAOPA

Não é *dilagi*.[43]

Ela é minha.
Minha rainha,
Boazinha,

Uma aninha,
Que está na linha.
Toda azulinha,
E bonitinha.

23/01/2006

---

[43] *Dilagi* é uma palavra de origem kimbundu que significa maluco(a), louco(a).

1.18 PARTI...

Estava andando,
Chorando,
E buscando...
Uma solução,
Para o meu coração.

Parti...
Para onde? Não sei!
Só sei que desejei...
Encontrar um caminho.
Alguém que me desse carinho;

Porque me sentia sozinho,
Sem ninho.
A minha companhia,
Era o vinho.

Um passarinho...
Chamado Pinho,
E um anjinho...
Conhecido por Zinho.

Até o querido vizinho...
Deu-me a beber vinho de espinho,
Por isso parti...
Para onde? Não sei!
Só sei que ainda não cheguei,

Desde que comecei...

Andar é andar.
Nada encontrei,
Mas continuarei...
Caminhar é caminhar.

Até encontrar,
O que procuro.
Mesmo no escuro,
Sei que estou seguro,
E encontrarei ar puro.

Estou indo,
Sem saber,
Sem conhecer,
Nem o destino, nem o destinatário.
Já não há fuso horário.

Estou andando,
Que nem já Cristo com a cruz,
A caminho do Calvário.
Vou, mas não sei onde,
E nem como vou chegar.

23/01/2006

A vida é um caminho longo. Não desista! Continue e encontrarás os teus aposentos.

1.19 O TONTO SEM DESCONTO

Transformaram-no numa mercadoria,
Sem desconto.
Por ser tonto,
Não lhe deram ponto.

Disseram-no...
Que não está pronto.
Não precisa de conto,
Para ser monto.[44]

De tanto transportá-lo,
Daqui para acolá.
Esqueceu de sua mamã.

Já não sabe quem é,
Nem o que deve ser.
Pois transformaram-no num tonto sem desconto,
Conhecido por Alonso,
O Leonço,
Que só come ossos...
...de mortos.

Dizem que ele é canhoto,
Não gosta de fotos.
Não sabe andar,
Nem dialogar,

Porque transformaram-no numa máquina,

---

[44] Não sei de onde surgiu esta palavra. Acho que é poeticamente inventada.

ATAOPA

De ravina.
Tipo aspirina,
Ave de rapina.

Ele não é uma pessoa atoa,
Mas já não é boa,
Nem perdoa.

Pois é uma mercadoria,
Valendo menos que uma bijuteria.

26/01/2006

POESIAS SOLTAS: O EMBRIÃO QUE NASCEU E FOI CRESCENDO...

1.20 O QUE FIZERAM

Deram-me água impura.
Comi pão que não presta,
Apanhei fraqueza na testa.
Porque só comi resto,
Que trouxeram da festa.

Olha o que fizeram comigo,
Já nem consigo...
Levantar-me.
Querem matar-me.

Deram-me novamente...
Água da loucura,
E disseram-me que era aguardente.
Agora sou sei lá quem,
Que não tem ninguém.

Não sei o que é um bem,
Nunca vi uma nota de cem.
Olha o que fizeram,
Acham que não como dendê.

Quando me veem,
Dizem: "lá vem...
O que acha que é alguém".

Olhem só,
Virei pó.
Não sei o que sou,

ATAOPA

Nem sei o que realmente me fizeram,
Se me bateram,
Ou me deitaram.
Não sei...
Eu não sei o que me fizeram.

28/01/2006

PARTE II

—

INSPIRAÇÕES QUOTIDIANAS[45]: ESCONDERIJOS DA VIDA

---

[45] Atualmente, no Brasil e em outros países se escreve "cotidiano", porém decidi deixar conforme o rascunho original, escrita de acordo com a ortografia de Angola.

2.1 PÁSSARO PERDIDO[46]

Estou à procura do meu pássaro,
Chamado Lázaro.
Foi alguém que mo deu.
Agora ele está perdido,
Ele mo é muito querido.

Não existe nenhuma espécie desta no Universo,
Ele até faz versos.
Não mereço...
...Ser roubado desta forma, por favor...

Quem o encontrar,
Pode mo entregar,
Para mo aliviar a dor.
Por favor!!!

Mas eu lutarei,
E encontrá-lo-ei.
Custe o que custar,
Eu não vou parar,
Até o achar.

01/02/2006

---

[46] Nesta poesia surgem algumas formas irregulares de falar, tal como "mo entregar...".

2.2 POR SER...

Ela é uma senhora,
Que conhece muito bem os dias e as horas.
Mas todos querem que se vá embora.
Já não sabe o que fazer agora,
Pois toda gente quer vê-la fora.

Por ser analfabeta,
Dizem que não conhece nada sobre *"ALFA & BETA"*.

Mas o Senhor, o Altíssimo,
Sabe que ela conhece um pouco de letras.
Sabe o que é o alfabeto,
E escreve bem direito.

Porque sabe distinguir o errado do certo,
Pois tudo não é perfeito.

Lamenta bastante,
Por não ter estudado como deveria,
Porque só estudou um pouco,
Porém, difamam-na.

Anda desesperada,
Pois já não sabe se foi amaldiçoada,
Ou se é mesmo abençoada.

Até os anjos, arcanjos e santos...
Estão comovidos com a sua trajetória.
Não sabem o que fazer com a sua história,
Porque as aves conhecem-na como uma simples estória.

Mas ela ainda crê na esperança de um dia...
Ver-se rodeada de alegria,
Porque tem fê,
Por isso que continua em pé.

09/02/2006

2.3 A VIDA É ASSIM...

A vida é assim,
Cheia de segredos.
Feita de muitos arremessos.

Até nós sentimos medo,
De perder um só dedo.
Perdê-la é bastante azedo.

Oh! Credo!

Se pudéssemos prolongá-la,
Ninguém pensaria na vala,
Nem existiria a tal sanzala,

Onde tudo é desértico.

Até já deixei de ser romântico,
Por quê? Não sei.
É assim a vida.

Às vezes, quando pensas que a missão está cumprida,
Vês todos os teus planos divididos.
Ficas perdido,

Sem ser-te concedido...
Nenhuma chance.
E de repente estás num dance,

Todo sorridente.

ATAOPA

Pois é, a vida é assim.
Ninguém sabe quando é o seu fim.

Ela tem um começo,
Que nós sabemos.
E também um preço,

Que não conhecemos.

Muitas vezes nos esquecemos,
E quando despertamos,
Lá se foram todas as oportunidades que ela nos concedeu.

E nos concede,
E aí ficamos com sede.

A vida é assim.
Não só para mim,
Mas para todos nós.
Inúmeras vezes só temos voz...
No final,
Nem sequer vemos o antecedente sinal.

13/02/2006
22/02/2006

2.4 AS COISAS MUDARAM

Queria poder voltar a ser criança,
Cheia de esperança,
Com a ânsia de mudança.

Mas já não posso mais,
E nem dá pra procurar paz.
Porque as coisas mudaram,
E as esperanças me deixaram.

Gostaria de voltar a sorrir como antes,
Tudo corria como se estivesse num tapete rolante.
Banharia com vinho espumante,
E andaria de trote "escorregante".[47]

As coisas mudaram,
Muitas delas se foram.
Já não dá para ver o que ficou pra trás,
Mas preciso encontrar a paz.

Até as ideias estão indo,
Não consigo escrever muito.
Por isso,
Paro por aqui...e não sei se é...o fim.

14/02/2006
23/02/2006

---

[47] Está palavra é uma gíria que não sei se realmente existe. Entretanto, é sinónimo de escorregadiço ou escorregadio.

2.5 SUGARAM[48]

Sugaram-lhe todo o seu sangue,
E puseram-no num tanque,
Só para se divertirem.

Mataram-lhe os seus ideias,
E meteram-no na cadeia,
Só para o verem...
Padecer.

Cortaram-lhe as veias,
E bateram-no com correias.
Atiraram-lhe ao mar,

E lá veio uma sereia...
Que o salvou,
E deixou-o na areia,

Para apanhar boleia...[49]
De alguns pescadores.
Pois já lhe tinha aliviado as dores.

Hoje está saudável...
É um rapaz amável.
Graças à sereia,
Que não lhe deu tareia,

Nem o deixou para ser engolido por uma baleia,
Ou ser mordido por uma marinha santopeia.

---

[48] Mais uma vez uma linguagem poética diferenciada.
[49] O mesmo que carona. Em Angola, usualmente se diz boleia em vez de carona.

Os outros censuram-no por não castigar os malfeitores,

Mas ele não quer,
Porque senão pode afetar a sua descendência.
Não é sorridente,
Mas aprecia ver os outros contentes.

20/03/2006

A vida não é só feita de êxitos, mas também de tropeços.

Às vezes, por falta de encorajamento de alguém, tropeçamos e também alguns, aproveitando a fraqueza, sugam-nos a autoconfiança, habilidade e todo nosso potencial.

2.6 TROPEÇOS

Chatearam-se com ele,
Por causa de tropeçar.
Esforçou-se bastante para não cair,
Mas como a vida é feita de tropeços,

Escorregou!!
Então tropeçou...
Numa pedra pequena,
Mas não quebrou a perna.

E agora!
Todos estão chateados,
Por ter tropeçado.

Só ouve desabafos,
Dos que acham que tudo na vida é perfeito.
Parece que eles não têm defeitos,

Dizem-no que não tem jeito,
Por isso, dói-lhe o peito.
Mas ele tem respeito,

E já conhece bem os sacrifícios que a vida tem.
E os caminhos para ter êxitos.
Pois sabe que o erro é humano,
É natural.

Errar é ou não normal?
Porque vem da humana natureza.

Os nossos descendentes também erraram,
Por isso nós erramos,
Tropeçamos e caímos.

Não culpes!
Não julgues!
Não acuses!
E nem abuses!

Porque o outro errou,
Escorregou,
E tropeçou,
Ajude-o a melhorar.

20/03/2006

2.7 ENQUANTO NÃO ESTUDO

Enquanto não estudo,
Estudarei as árvores.
Conviverei com as aves,
Falarei com as nuvens.

Depositarei nos céus...
Todas as minhas preces,
E clamarei ao Pai Celeste.

Enquanto não estudo,
Ouvirei os hinos dos Anjos,
E as mensagens dos Arcanjos.

Cantarei com os seres desprezados.
Talvez aprenderei mais sobre a vida,
Caminharei até onde não puder.
Sonharei até quando a multidão se aperceber.

Enquanto não estudo,
Cuidarei de mim.
Pensarei assim,
Que não é o meu fim.

Prepararei o meu futuro de outra forma.
Farei a soma...
...das coisas.
Pois não estou em coma.

Enquanto não estudo,

Continuarei a fazer projetos.
Pois estou debaixo de um teto,

Sentado numa cadeira,
Com um caderno e uma lapiseira.[50]
Estudando tudo aquilo que me rodeia:

A natureza,
E os fenômenos da sua beleza.

Enquanto não estudo,
Num outro lugar...
Estudarei aqui sem parar,
Para não me desanimar.

29/03/2006

---

[50] Esferográfica ou caneta.

2.8 O NOSSO QUOTIDIANO

Existem pessoas e coisas que cruzam o nosso quotidiano,
Às vezes uma vez por ano.
Mas não consigo acreditar,
Só apenas aceitar,

Para não descompassar...
O nosso interlocutor.
Mesmo que seja um horror...
O que ele diz,

É só não contradizer,
E deixar-se convencer.
Mas não se reter...
Por muito tempo.

Não me contento,
Com este evento,
Que será arrastado pelo vento.
Inúmeras vezes tento...
Esquecer,

E, repentinamente, quando as coisas parecem...
Apaziguarem-se.
Observo tudo em câmera lenta,
Tudo o que a memória reteve.

Pois não sei o que fazer para ajudar...
A combater...
Algumas maldades do quotidiano.

O que é que eu faço?
O que eu faço?

22/04/2006

2.9 A VIAGEM

Fiz uma viagem,
Mas não levei bagagem.
Cheguei até aos horizontes...
Do mundo inteiro.

Fui até ao esconderijo do Sol,
"Que lindo é a cama dele!"
Comi com a Lua,
E mostrou-me a sua...
Rua.

É linda como a criação do mundo!

Até parece *muzua*,[51]
Em forma de grua,
Carregada de mandioca crua.
"Oh! Que espetacular!

Extraordinário!..."

Não quero voltar pra casa,
Quero ficar pra continuar a apreciar todas estas maravilhas.
Até já me sinto membro da família.

O Sol brilha...
E a Lua auxilia.
Seguirei as nuvens que trilham,
Para receber o amor da Lua...vinda do Sol,
Pois ele é o meu lençol.

---

[51] *Muzua* é um espécie de armadilha feita tradicionalmente para pescar peixes no rio.

Viajarei até onde os dois conduzirem-me,
Numa viagem sem volta,
Mas com várias rotas.

Viajemos nesse Trem,
Vem!
Vereis como é ótimo estar neste voo,
Sem ninguém que o destrói.

22/04/2006

2.10 QUANDO PERECER

Quando eu perecer,
Pararei de padecer.
Não podem e nem devem...
Me esquecer.

Mas por favor, não chorem,
Nem lagrimem.[52]
Pois morrer...
Pode ser muito melhor do que viver.

Para quê chorar?
Se mesmo fazendo-o, não voltarei,
Distante estarei.

Ao lado do meu rei...
Viverei,
Lá não morrerei,
Ficarei melhor.

Às vezes me sinto cansado deste planeta,
Que está a repugnar-se,
E as multidões estão a desnivelar-se.
Ninguém está a preocupar-se,

Depois vão queixar-se...
E a quem?

02/06/2006
06/06/2006

---

[52] Talvez o correto seria o conjuntivo " que vós não lagrimeis", porém foi escrita propositalmente para rima poética.

2.11 NÃO SOU ADULADOR

Espero declamar,
E acalmar ao povo,
Tudo o que é novo.
Todas as minhas lisonjas.

Não sou adulador,
Também sinto dor,
Temor,
Por vezes rancor.

Mas alguém ouviu o meu clamor,
E deu-me o seu amor.
Dá-lo-ei todo o meu calor,
Entregá-lo-ei o meu fervor,

E livrar-me-ei deste terror.
Por favor...
Ajudai este pobre,
De coração nobre.

Que não tem nada que o cobre,
Nada que o dobre.
Amparai-o,

Dê-lhe,
Mesmo aquilo que não sobre.[53]

Espero não protestar,

---

[53] Do verbo sobrar, no conjuntivo "Ele(a), você sobre".

ATAOPA

Mas amar,
Dar,
Abraçar,
E ser feliz...!

07/06/2006
08/06/2006

2.12 OLHEM

Olhem...
Olhem para aquele rapaz,
Não tem paz,
Porque não sabe o que faz.

Não olhem mais!
Ajudem-no a desfazer-se desta vida,
Sem vida,
"Insentida".[54]

Olhem só para aquela mãe,
Cansada de andar,
Não sabe por onde começar.

Ninguém está a lhe ajudar,
E também não sabe se no dia seguinte irá voltar,
Para poder movimentar...
O seu ganha-pão.

De tanto zungar...[55]
Perdeu o brilho da consolação.
Mas ainda tem visão,

Audição,
E coração,
Para a sua sustentação.

Olhem...

---

[54] "Insentida". Esta palavra provavelmente não existe.

[55] Venda ambulante nas ruas e feiras. E aquele/a que vende se chama zungueiro/a.

ATAOPA

Olhem para as raparigas[56] mostrando as barrigas,
Para mostrarem-se que são bonitas.

Para quê?
Por quê?

Ser "quem tem me leva".
Isso lesa...
A minha tranquila consciência.
É muito benévolo ter uma condessa.

Olhem para vós!
Reparem bem o que sois.
Pensemos um pouco em nós,
Para melhorarmos.

Pois só olhamos,
E não ajudamos.

08/06/2006
12/06/2006

---

[56] Mulheres na fase adolescente ou jovens.

2.13 ESCONDERIJOS DA VIDA

Existem inúmeras coisas na vida...
Que não devem e nem podem ser reveladas.
Muitas delas ficarão eternamente no obscuro,
Mesmo que elas estejam a nos ferir por dentro.

Fingimos sempre que estamos seguros!

Há segredos que nós mesmos desconhecemos,
E verdades que escondemos...
Mesmo quando somos torturados.

Deixámo-las nos esconderijos da vida,
Abandonamo-las por causa das feridas.
Protesto quando observo pessoas sofridas,

Mas por vezes é necessário padecer,
Para libertar-se.

Pois a independência só vem...
Quando a gente tem...
Liberdade interior.

Todos nós temos um esconderijo,
Que é raro ser aberto.
Está sempre coberto,
Onde ninguém pode estar ou chegar por perto.

Nele existem espetos,
Não há concertos,

ATAOPA

Nem homens corretos.
Que dizem que estão sempre certos.

Estes são os que intitulo esconderijos!

Deles saem as nossas maldades,
As nossas imperfeições e muito mais...
Por mais que estejamos alegres,
Saltando que nem lebres,

Há sempre algo diferente em mim...
Em ti...
Em nós.

É isto que eu chamo de esconderijos!

Os segredos da vida,
Que muitas vezes só nós mesmos sabemos e conhecemos,
E outras vezes desconhecemos.

11/05/2006
15/05/2006

2.14 ESQUECERAM

Esqueceram da minha benevolência!
Que quando houve grande ausência...
Por parte deles,
Não deixei e nem permiti nenhuma violência...
Contra eles.

Esqueceram que a vida é um caminho,
Cheio de arbustos e espinhos.
Que nunca lhes deixei sozinho,
Quando lhes faltou carinho,
Quando precisavam de um ninho.

Esqueceram que quem não tropeça...
Nunca conhecerá os obstáculos que a vida tem,
E as lições que nela contém.

Esqueceram do meu bem,
E que quem tem...
Também perde e cede.

Esqueceram o quanto sou importante em suas vidas!
Que ainda que tenha SIDA,
Não é necessário me desprezarem,
Nem me abandonarem.

E me deixarem,
Sem abrigo,
Em perigo.

ATAOPA

Esqueceram que o Senhor,
Meu salvador e Redentor,
Sempre me dará amor.

Que por mais que eu sofra,
Nunca me deixará na dor.
Dar-me-á sempre calor,
E amar-me-á com bastante ardor.
Pois Ele ouve os meus clamores e fervores.

21/06/2006

2.15 COMEÇO... & FIM

No início da aurora,
Ouve-se o rugir de um leão.
O cantar alegre das aves,
É a voz das verdades.
Chegou a hora de quem sabe!

Os que nada sabem...
Ficarão no obscuro.
Quebrar-se-ão os muros!
Ouvir-se-ão os "censuros"![57]

É o começo da desforra.
Até quem não sofre, chora.
De lá do fundo ouvem-se gritos:
– Naaão...
– Socooorro.... Me ajudem, por favor!

Alguns dizem que é real,
E outros comentam que são mitos.
Não sei o que digo,
Aproxima-se o perigo.
Todos procuram abrigos.

Por onde sigo?
Se fugir não consigo?

Ajuda-me amigo,
"A verdade dói...

---

[57] Parece-me que esta palavra não existe no vocabulário português. Entretanto, aqui ela refere-se à contestação, um protesto radical.

..., mas constrói".
Lá isso está certo,
Mas muitos rendem-se quando ela chega perto.

Óh! *Nzambi!*
Tutale kiambote![58]

21/06/2006
23/06/2006

---

[58] *Nzambi...Tutale kiambote* é do Kimbundu e significa: *Senhor! Olhai pelo nosso bem.*

2.16 OBSERVANDO A MULTIDÃO

Quando observo a multidão,
Em busca de coisas perecíveis,
Sinto um grande vazio no coração.
Pois tudo e todos estão a tornar-se incorrigíveis.

Óh! *Ngana yetu!*
Tukwatekesse![59]

Se viver é padecer,
Eu prefiro perecer.
Para não ver...
O que está a acontecer.

Óh! *Jezu! Tukwatele henda!*[60]

Mostrai a este rancho que além do horizonte...
Existe algo que os fará sorridentes.

Que não convém,
Fazer esses vai e vem.
Que quem tem...
A beleza original e natural...
...É a vida.

Que está a ser despedida.
Estão a deixá-la sem comida,
Sem atenção merecida.

02/07/2006

---

[59] *Ngana Yetu, twakatekese*, novamente do Kimbundu, significa: *Nosso Senhor, amparai-nos.*
[60] *Jesus, tenha piedade de nós!*

2.17 EU FOI...[61]

Foi levado a uma terra longínqua,
E perdeu-me no abismo;
Esqueceu-me do comunismo.

Pois aqui só há capitalismo,
Esclavagismo e feudalismo,
Nada de socialismo,
Nem teologismo.

Foi até onde nada se averigua,
Não viu nenhuma rua.
A multidão estava nua,
Porque a terra não era sua.

Foi levado ao julgamento,
Por ter comprado um monumento.
Maltrataram-me,
E deixaram-me,
Na cadeia do esquecimento.

Onde não há lamentos,
Nem qualquer movimento.
Só espancamento,
Só céu cinzento,
E avermelhado.

É aí onde "eu" foi levado.

25/07/2006

---

[61] Linguagem poética em todo o poema. Por exemplo, "eu foi, perdeu-me..".

2.18 INCERTEZAS

Às vezes vacilamos,
Mesmo quando não queremos...
Sofremos.

A vida está cheia de incertezas,
Apesar d'ela ter muita beleza.
Sempre erramos,
Quando dissemos:
– Que a tal coisa está em cima da mesa...
E não está.

São incertezas.

Óh! Quantas vezes não tive a certeza...
De que farei, que conseguirei algo?
Quantas vezes disse coisas instintivamente,
Sem o consentimento da consciência?

As incertezas nos acompanham,
E por vezes nos guiam.
Pensemos antes de ignorarmos alguém!
Pois as incertezas acompanhar-nos-ão,
De geração em geração.

14/08/2006
15/08/2006

PARTE III

—

INSPIRAÇÕES PROFUNDAS: NAS PROFUNDEZAS DO ALÉM

3.1 DESTERRO DESENFREADO

As feridas sararam,
Mas as cicatrizes se prolongaram.
As mágoas terminaram,
Mas os sofrimentos não cessaram.

Pois a ternura esconde o abismo,
E o solecismo...
Apropria-se deste delírio...
Cristalino.

Para contrariar,
Dilacerar,
Com o seu bisel,
O seu dorso,
Os seus ossos...

E os seus progenitores.

Estes são os perecedores,[62]
Que o despercebem[63] dos seus amores.

Destemido,
Por ser promulgado,
Não estará desenfreado,
Nem mesmo ferido!...

21/08/2006

---

[62] Linguagem poética.

[63] *Idem.*

3.2 CULTIVASTES[64]

Cultivastes a semente,
Fertilizaste-o,
Cuidaste-o,
Criaste-o,

Plantastes sem deixá-la ter raízes daninhas.
Mansamente fizeste-a luzir,
Tornaste-a inigualável,
Indispensável,
Recrutaste-a quando estava ressequida.

Gradastes os resíduos dos seus prados...
Com serenidade,
Sem o censurar.

Hoje está radiante,
Esqueceu-se que era repugnante,
Quando a instaurastes.

E vai despreocupadamente,
Sem tenazes resistentes,
Vai...
Vai pelos trilhos trôpegos.

21/08/2006

---

[64] As conjugações dos verbos parecem estranhas, mas é uma forma de poetizar, quiçá à moda antiga.

3.3 A EMBOSCADA

Emboscaste-o,
E puseste-o ao tapume insofisticado.[65]
Passivamente foi levado...
Pela calamidade natural.

Progressivamente foi recrutado e posto ao altar,
Hasteou-se sem reivindicar.

Mobilizou-se sobre carris,
Até embrenhar-se ao desterro.

Pois jamais gostou de divergências.
Apesar das alternâncias,
Nunca será extinto,
Nem ressequido.

Continua com a sua bravura,
Porque é muito extenso,
E a sua viga é singela;
Pitoresca como um penacho.

Sem pejo,
Monologa intimamente,
Mesmo estando orvalhada,
Continua com a sua perseverança...

21/08/2006

---

[65] Talvez esta palavra não exista no vocabulário usual. Contudo, aqui ela funciona como antônimo de *sofisticado*.

3.4 A SACRIFICAÇÃO

Depois de o semear,
Estipular,
Monopolizar,
E torná-lo indígena.[66]

Transformastes-te em hostil,
Para golpear-me,
E desclandestinar-me.[67]

Ai! Fui sacrificado!
Uaué! Estou sendo molestado!

Estou extasiado com essa ostentação;
A minha maturação...
Está vermelhidão.
A extensão do meu coração,
Tornou-se um caramanchão.

Não o deixaste derivar,
Para desabrochar-se.
E a sua cortesia ao mundo mostrar,
Clamar...
A sua dedicação,
E a aflição.

Ajude-a a filtrar-se,
Para exultar,

---

[66] Sentido de originalidade, nativo(a). Nada a ver com Antropologia Cultural relativa aos povos nativos de algum lugar.

[67] Contrário de clandestinar.

ATAOPA

Infertilidade e indispensabilidade.
Ceda-me um espaço,
Para replantá-lo.[68]

21/08/2006

---

[68] Plantar de novo.

3.5 CONFUSA POESIA "Mixagem"[69]

Vivestes num cortiço,
Entrasse por ita brasa.
Por não houver mister,
Desfeitos estão os tratos.

Aramá irás quartelar,
Julgas que raivar este é outro jogo?

Ciça essora,
Descorregedor.
Serdes alguém de recado,
Isto não vos praz.

Existe pessoa que em camisa vos quer,
Não necessitais de ascese,
Por que pensais em cagião?

Não ficais no refrigério,
Esperai tamalavez,
Pois serês chentado.

Samiças sereis austinado?
Bofá,
Que te sejam cáguiantes,
Até o cabo.

21/08/2006

---

[69] **Fonte de Inspiração e linguagem**: *Lições Planificadas de Língua e Literatura Portuguesa «Interpretação Crítica de Textos» «GIL VICENTE», DE: José Flórido – BÁSICA EDITORA 1980.*

3.6 CONFUSA POESIA
"Tradução para a linguagem usual"

Vivestes numa pobre casa,
Por causa duma brasa.
Por não ter verbas,[70]
Acabaram as intimidades ilícitas.

Nas más horas partirás em pedaços,
Julgas que levarás uma vida diferente?

Iça-te imediatamente,
Porque não exercerás justiça convenientemente.
Serdes alguém honesto,
Isto não vos agrada.

Existe pessoa que vos quer pobre,
Sem dote.
Não necessitais de treinamento,
Por que pensais em desastre?

Não ficais no frio,
Esperai um pouco,
Pois sereis colocados.

Porventura sereis obstinados?
Em verdade,
Que te guiem aqui,
Até ao fim.

18/08/2006

---

[70] Riqueza ou dinheiro.

POESIAS SOLTAS: O EMBRIÃO QUE NASCEU E FOI CRESCENDO...

3.7 O TRANSEUNTE PRÔPEGO

Fostes despojados nos lírios dos prados,
Estivestes em delírios quando fostes consolados,
Ao transeunte...
...ajudante.
Nem dissestes *sadikila*![71]

E assim o deixastes trilhar,
Sem tenazes resistentes,
A tropegar.[72]
Não o tirastes do sulco,
Para dar-lhes tapume.

Porque não sejais singelos,
Sois ourives,
E não podeis monologar.
Sem fastio,
Como um destemido!

Que te incentivou,
Te içou...
Quando estavas débil,
Pois hoje quereis ser hostis.

---

[71] "Obrigado" (do kimbundu).
[72] Verbo intransitivo que significa *andar com passos trôpegos*.

Reivindicando massivamente,
Fostes pejosos,
Fortalecestes-te,
E já nem dizes *sàpêrê*.[73]

22/08/2006

---

[73] Essa palavra significa "Bom dia". É um vocabulário que foi usado em textos de aulas de Língua Portuguesa em Angola nos meus tempos do quarto ano do fundamental.

3.8 PROFUNDA DOR

No coração, jorraram...
Lágrimas de sangue.
A consciência sem saber no que pensar,
Monologava intimamente.

Respirava fundo,
E até parecia, quando minha mãe me batia,
Sussurrava aos quatro ventos do mundo.

Até as aves espantaram-se,
Pois o silêncio consolava-me,
Então, lagrimava interiormente.

Afligia-me exteriormente!

Se pudesse fazer magia,
Ao menos consentiria,
E a profunda dor passaria.
Nem mesmo o amor me zombaria.

Ah! Parece que as estrelas jamais brilharão...!

23/08/2006
24/08/2006

3.9 OS HOMENS CHORAM

Os homens lamentam...
Quando alguém os magoa,
Quando a vida se parece a uma lagoa.

Os homens lamentam...
Até onde não puderem mais.
Pois se não encontrarem a paz...
Começam a chorar,
Parece-lhes a melhor maneira de desabafar.

Os homens gritam...
Não para o mundo ouvi-los,
Mas para desaturarem[74] o que está a oprimi-los.

Os homens só choram,
Quando torturam...
As profundezas dos seus prados,
E deixam-na destruídos,
Sem compreenderem por que é que são cobiçados.

Ah! Os homens lamentam!

Porque a dor é expressa...
Com lágrimas.
Choram quando amam,
Além da cama...
Mas, sim, por e com AMOR.

05/09/2006

---

[74] Mais uma palavra fora do vocabulário usual. Significa não aturar, não suportar ou não sofrer. É antônimo de sofrer ou suportar com paciência.

3.10 O QUE EU SEI...

Eu sei que nada sei,
Só sei que te conheci.
Sei que nunca te esqueci,
Desde o primeiro dia que te vi.

Por tua causa eu cresci,
Eu sei que para ti nasci.
Por ti...
Nunca desisti.

Quando decidi,
Escolher a ti...
Como minha princesa.

A minha luz acesa,
Cheia de beleza.
Sonhei que te perdi,

Mas eu não quero,
Pois sou sincero.
Contigo e comigo mesmo.

Sei que nada sei,
Mas sei que te amo!

18/09/2006

3.11 SE NASCEMOS...

Se existe o nascimento,
Tem de haver crescimento.
Se vivemos,
Lógico que temos de morrer.

Quando o criador nos fez,
Ele nos garantiu a eternidade,
Isto antes de existir o pecado.

E após a expansão dele,
ELE revelou-nos...
Que nasceremos,
Cresceremos,
Envelheceremos...

E por fim morreremos...
Para a nova vida! Eterna!

Por que não nos conformarmos com ela,
Se apesar de ser impalpável,
É algo existente?
Pois tudo o que é bom ou mau deixará sempre de existir
Menos AQUELE que nos criou...

23/09/2006

3.12 O QUE É QUE ME ESPERA?

Não sei porquê sempre imagino...
Coisas inexistentes.

Porque há ideias instintas[75] em mim,
Imagino coisas fatais.
Às vezes algumas imorais,
E outras morais,
Que são menos carnais.

Óh! Deus meu!
Olhai para a prece,
Do filho seu, que adoece.

Não deixais que enfraqueça,
Nem me permitais que se aborreça.
Ou que caia na pobreza...
Moral ou espiritual.

O que é que me espera?
Não me abandone com as feras,
Senão elas me dilaceram.

Ajudai-me a permanecer...
Nos seus aposentos.
Pois aflijo-me em todos os momentos.

23/09/2006

---

[75] O mesmo que instinto ou instintivas, aqui o autor faz uma adaptação.

3.13 SEM TÍTULO 1

Muitas vezes, quando estou só...
Penso em coisas que sei lá...
Imagino que estou prestes a morrer, e antes disso...
Reflito e digo para mim mesmo:
– Com quem deixarei as minhas obras escritas, compositadas[76]...
... musicadas e poetizadas?

Pouco valeu o meu esforço mental, intelectual e material.

E outras vezes, que já estou morto.
Mas quando chega a hora do enterro.... volto à vida.
Escrevo isso não para servir de testamento ou justificativa dos meus feitos,
Pois me é lícito escrevê-lo, e por outro lado...
Já nasci escrevendo e hoje nada me passa sem no escrito descrevê-lo.
A esferográfica e o papel são refúgios meus, para desabafar certas
coisas e sentimentos.

Para além disso, se algo acontecer, os meus chegados me conhecerão,
E reconhecer-me-ão...
Nos meus escritos.
E não só para que não observem os meus feitos escritos como algo
repugnante, desconhecido ou trôpego.

Não sei se são textos crônicos, realmente poéticos, ou se são prósicos...
Só sei que os escrevo para quando o temporal se acalmar,
Não me esqueça dele, evocá-lo...
– Se possível –
Por meio destas mesmas escritas.

23/09/2006

---

[76] Do nome ou substantivo: composição, ação de compor. Neste caso, pode-se entender como a criação literária ou elaboração artística está disposta ou organizada.

3.14 GOSTARIA…!

Gostaria de ser como as aves…
Voando pelas nuvens,
Inúmeras vezes sem fastio.

Cantando alegremente…
Os hinos celestiais.
Eles são como anjos na terra,
Que mesmo vendo guerras…

Cantam!!!
Voam!!
Brincam!
Sem se entristecerem ou fazerem…
Perecer algum deles.

Gostaria de ser como os formigueiros…
Andam em fileiras,
Como se fossem antigos guerreiros.

Mas não se destroem!
Apenas procuram o que necessitam:
Alimentação, vestuário, abrigo…
E trabalho em harmonia e sinfonia.

25/09/2006

ATAOPA

3.15 O MATADOR[77]

Dasdor, minha prima doutora,
Adoram-na como o Sol dourado.

O matador no matadouro,
Não mata porque não está no mato.
Já que mato é mata.

Lá a matança é como dilacerar capim.
Ele tentou matá-la,
Mas ela conseguiu descompassá-lo.

Oh! Que tragédia!
Mataram a minha prima doutora,
E jogaram-na numa manjedoura.

Oh! Que impiedade!
O matador, pereceu-lhe a agilidade.
Foi arrastado pela cidade,
Com a sua "padecidade".[78]

Tornou-se um morto em vida,
Sobrecarregado de feridas.
Aí está o matador,
Com bastante dor,
Comovido pelo temor!
Está morrendo sem amor...

25/09/2006
27/09/2006

---

[77] Recomposição.

[78] Do verbo padecer. É equivalente ao nome/substantivo "padecimento", significando aqui um sentimento de dor moral.

3.16 DESESPERO

Na inocência da minha consciência,
Foram-me reveladas todas as esperanças.
Mas ainda confusa,
Sobressaltada.

Parecendo uma savana,
Agastada[79] pelo vento que a rodeia.
Ânsia permanente em mim,
Sem nada desabrochar.

Cruel como um abismo,
Onde ninguém ouve o seu clamor.
Abundante de temor,
Nem consegue exprimir a dor.

Não há folguedo,
Mas sim desespero.
Apenas a maldade contemplo,
Não sei se é a verdade que escrevo.

Se realmente conheço...
O que da vida é fulcro.
Se contínuo nesta convivência,
De minha adolescência.

26/09/2006
27/09/2006

---

[79] Irada, aborrecida ou sentida. Do verbo "agastar".

3.17 PAZ DEFINITIVA

O mundo só terá paz definitiva,
Quando não houver superioridade,
Se houver igualdade.
O mundo terá paz definitiva,
Quando terminar a simples solidariedade,
E reinar a verdadeira caridade.

Haverá paz definitiva,
Se não existir oposição,
Nem ofensividade.[80]
Só existirá se o mundo for para todos...
pobres ou nobres.

Se não houver diferenciação racial,
Nem divisão ocidental ou oriental.
Por que aguardar que Deus nos dê a paz?
Se para tê-la é necessária colaboração de ambas as partes?

Estão a destruí-la!
Até as gerações vindouras,
Jamais a verão!...
A paz vem do SENHOR!!!
Mas é necessário buscá-la.

27/10/2006

---

[80] Do adjetivo "ofensivo(a)". Aqui ela acarreta o significado de "hostilidade" ou "invasivo". Gramaticalmente não existe, é uma invenção literária/poética minha.

3.18 *REFLEXÃO* – MATUTINO PARA A CONSCIÊNCIA[81]

Ouça com os ouvidos,
Entenda com o coração e os olhos.
Aprenda com a alma,
Pratique com a consciência.
Trabalhe com sacrifício,
Faça o que é digno!

Ouvistes com atenção,
Não procurastes interpretá-lo,
Nem o ver.

Soubestes que estava mal,
Mas destes-lhes as costas.
Nem sequer pensastes em içá-lo,
E vivestes no teu paraíso!...

27/10/2006

---

[81] *NB: Fonte de inspiração: Evangelhos segundo João 12:40; Lucas 8:8; Marcos 4:9.11-12ss.*

ATAOPA

3.19 SEM TÍTULO 2[82]

Não comentes,
Pratiques.

Não batas,
Repreendas!
Pois existem cegos que veem,
Surdos que ouvem.

Mudos que falam,
Coxos que andam.
Pobres ricos,
Ricos pobres.

Brancos negros,
Negros brancos.
Preto branco,
Branco preto.
Escuro claro,
Claro escuro.

Existem pessoas que nem veem,
Que não ouvem,
Não falam,
E nem andam.

06/11/2006

---

[82] A linguagem usada aqui não acarreta nenhum sentido pejorativo, muito menos discriminató-
rio racial.

3.20 AS PROFUNDEZAS DO ALÉM

Deitado, observava o firmamento,
E repentinamente,
Mudou-me o pensamento.
Mergulhei nas profundezas do além,
E, atenciosamente,
Meditei com as nuvens.

Vendo-as mobilizarem-se,
Unindo-se entre si,
Desapareciam,
E voltava o firmamento azul.
Era assim quase todos os momentos...
...branco/azul.

Todas juntas mobilizavam-se,
Sem destinatário confirmado.
Não sei se fugiam a brisa,
Ou o Sol ardente...
Que as separava umas das outras!!!

08/11/2006

PARTE IV

—

INSPIRAÇÕES DA ALMA: INEXISTÊNCIA INEXPLICÁVEL

4.1 NÃO GOSTARIA...

Não gostaria de nascer ontem,
Nem hoje,
Nem amanhã.
Simplesmente gostaria de nascer.

Pois se nascesse hoje,
Encontraria fantasias.
Nasceria simplesmente,
Viveria alegremente,
Distante das ironias.

Não gostaria de morrer,
Nem ontem,
Ou hoje,
Nem amanhã.

Singelamente gostaria...
De nesta Terra permanecer,
Até algum dia envelhecer.

12/11/2006

4.2 SEM HERÓIS

Não necessitais de ser herói,
Nem super-herói,
Mas sim de mobilizar...
A multidão.

Por que sê-lo?
Se não podereis sabê-lo,
Nem vê-lo?

Já estareis descansados,
Quando serdes proclamado.

O melhor é não ser amado,
Mas desprezado,
Abandonado,
E nem valorizado.

Para não ser evocado...
E incluí-los numa epopeia.

14/11/2006

4.3 POETA CALADO

Sois vós que mo condenastes a não falar,
A manter-me de portas cerradas,
A permanecer-me de boca calada.

Da infância minha,
Nem sequer te embebestes[83],
Para ensinar-me a dialogar,
Apenas intimamente monologavas.

E hoje...
Por que me condenais por nada dizer?
Se sois vós que assim mo transformastes?
Pois agora sou uma autêntica metamorfose!

Por isso mantenho-me fechado!
Em breve serei chamado...
Poeta calado.

Agora não mo condeneis,
Por não saber dialogar,
E ter aprendido somente a se encerrar!

23/11/2006

---

[83] Sentido de absorção ou imersão.

4.4 LIBERDADES ENCARCERADAS

Existem presos em liberdade,
Condenados não sentenciados,
Prisões sem cobertura.
Pessoas livres,
Mas encarceradas pela libertinagem.

Mentes cheias,
Com bastantes ideias,
Mas sem princípios.

Existem consciências subcarregadas de princípios,
Mas vazias,
Sem magias macias.

Óh, liberdades!
Ainda não te libertastes?
Por que demoras?
Se já são horas!!!

Óh, libertinagens!
Continuais nas suas moagens,
Empoeirando os seus homens?

Vinde!
Vinde libertar-nos desta independência,
Depende, pendente, carente, sem mente.

29/01/2007
08/03/2007

4.5 IMPOSSIBILIDADE

Temo a verdade,
E enfrento a mentira.
Pois mais vale desvendar o mistério da maldade,
Do que desencobertar[84] a bondade.

Não adianta encarar a realidade,
Fadiguei-me do concreto.
Vou ao deserto,
Em busca do bilhete para o real concerto.

Desgostei-me dessa exultação abundante,
A infiltração dura menos.
Mesmo assim...
Não cedo o passo à filtração.

Esta deformidade jamais decorrerá
Porque...

Eu sou a impossibilidade,
Derivando todos os dias,
Progressivamente.

Tenho imensas grosserias para contar-vos,
Mas não há tanto espaço,
Nem tempo suficiente.

10/03/2007

---

[84] O mesmo que "desencobrir, expressar" etc. Como se pode notar, o uso de uma linguagem própria é frequente para mim. A minha compreensão sobre o desenvolvimento de uma linguagem poética própria concede-me uma certa independência do espírito expressivo poético.

4.6 ALGO POR DESCOBRIR

Por trás deste belíssimo sorriso,
Há uma tristeza,
Mágoa, angústia, desespero,
E muito mais escondido.

Dentro destas vestes inigualáveis,
Há uma criação de vermes.
Está a ser criada uma fera,
Que tornar-se-á numa arma mortífera.

Ninguém sabe o que encoberta esta face,
A não ser Deus.
Existe um incandescente disfarce.
Dentro desta consciência,
Está escondida uma deficiência,
Um pensamento intolerável.

Estes brilhantes olhos...
Observam o distante farol,
Mas sem compreender.

Há algo por descobrir,
Em cada ser...
Humano e inclusive não humano.

18/05/2007

4.7 NÃO SEI...!

Para que ter esperanças,
Se mesmo com inúmeras andanças,
Não há mudanças?

A esperança que me espere,
Fadiguei-me destes espinhos que me ferem.
Não sei se vivo,
Ou se sobrevivo.

Estou a ser apedrejado,
Pelas falsas esperanças.
Será minha vaidade, arrogância,
Ou a condução do meu destino foi mal planificado?[85]

Será que não estou a manejar bem as oportunidades?

Não sei,
Mas descobrirei,
Com certeza,
Esta beleza,
Alteza...

02/07/2007
27/07/2007

---

[85] O mesmo que planejado.

4.8 EU PENSO

Não quero viver,
Sem poder,
Sem querer.
Quero ver,
É desejo meu crescer.

Resta-me obediência,
Mas a vida deve-me revivência.
Eu penso na vida,
Muitos pensam nela.

Pensamentos estes,
Maus e bons.
Será que ela pensa em nós?
Ou sempre nos deixou a sós?

Mas hoje descobri,
Que nós é que fizemo-la luzir.
Mantendo-a viva e eficaz,
Cultive-a...
Assim conseguirás viver a vida.

11/01/2008

4.9 INEXISTÊNCIA INEXPLICÁVEL

A minha vida é uma tristeza irônica,
Da qual não faço parte.
As minhas tristezas são quedas[86] de lágrimas,
Onde não há turistas.

O meu coração é um ardente Sol,
Sem planeta para colorir no amanhecer.
A minha alma é um eclipse,
Sem multidão para o aplaudir.

Eu sou a Lua que não clareia,
Pois o meu eu é o céu sem estrelas.
O meu ser são nuvens escuras e brancas,
Sem chuvas.

O meu estar é uma viagem misteriosa,
Sem destinatário.
O meu corpo é um deserto existente no planeta,
Mas desconhecido por todos.
Até mesmo pelo CRIADOR...

A minha consciência é um mundo,
Sem existência das estações anuais.
A minha existência é inexistente,

Sei que existo,
Mas da existência não faço parte.
Por influência do destino, aqui estou,

---

[86] Referência às cachoeiras, porém em Angola é conhecida como quedas. Por exemplo, as Quedas de Kalandula.

Sem abismo para refugiar-se ao menos...

Sou o planeta que nem sequer conheço,
E que os cientistas nunca descobertaram.[87]
Jamais descobri-la-ão,
Porque quem o CRIOU nem o conhece.

20/08/2008

---

[87] O mesmo que "descobriram". Mais uma linguagem poética própria.

4.10 LEVITAR

Lia a minha mente,
De repente.
Entrei no vazio do meu consciente,
Mas nada compreendia.

Nga xinganeka,
Ki nga tena ku banza kima.
Nga banze,
Nga banze kyavulu,
Magi ki nga soko ku njila,
Nga mesenene ku bixila[88].

Assim fui andando,
Sem poder concluir.
Se eu entrasse no inconsciente,
Encontraria um alívio talvez.
Ou ainda escassez,
Quanta insensatez!

De minha parte...
Descobri nas montanhas a arte.
Deus é um autêntico artista!
Jamais confundido com um malabarista.

18/02/2009

---

[88] Aqui mistura com a minha língua materna, Kimbundu. É umas das línguas nacionais mais faladas de Angola. Eis o texto em português. Atenção que a forma como se escreve talvez não seja gramaticalmente correta, porém é a forma que desenvolvi a escrita: *"Imaginava eu, Não conseguia pensar em nada; Pensei, Pensei bastante, Mas não cheguei até ao caminho, Que desejaria chegar/alcançar."*.

4.11 A PRIMAVERA!

Eu sou a primavera que não abandona o inverno,
Nem o verão.
Que extasia qualquer coração.

Pois desfraldo[89] toda minha atenção,
Para quem está fiado.
Jamais esquecer-me-ão.

Estarei estampado,
Na memória dos despreocupados
Dos despercebidos,
E dos destemidos.

Não há quem não evoque...
O que em mim contemplou.
Um mar cristalino.

Ninguém comigo se desesperou.
Só quando renovo a minha beleza,
Há quem fique furioso.
Mas é assim a natureza.

Renasce sempre a sua ternura,
Para extrair qualquer contrariedade.

É a primavera,
Falando conosco, sem censura.

28/09/2009

---

[89] Desfraldar.

4.12 TAMBÉM LOUVAM

Procissão na escuridão.
Caminhando em fileiras,
Sem destino.

Na sombra feita de esteiras,
Desapareceu a solidão.
Não existiu calvário.

As montanhas à volta,
Completam a mobilização.
Todas as manhãs andam à solta...
Os assobios das aves.

Afinal, elas também sabem louvar.
Elas tornam mais natural,
O peregrinar sem cansar.

Santuário da Muxima[90].

06/09/2009

---

[90] Muxima significa "Coração" e é uma aldeia/vila localizada no município do Bengo-Angola. Entretanto, é um dos Santuários mais populares de Angola dedicado à Nossa Senhora da Conceição da Muxima.

4.13 A CIDADE CONTEMPLADA

A cidade que parece embelezada,
No real o que acontece é que está arruinada.
A realidade transformada em cinzas,
Ninguém vê porque puseram tapume em cima.

A tristeza é vista como jardim,
Já não é um Jasmim.
No rosto engraçado das pessoas,
Não se consegue contemplar as mágoas.

No dialogar estranhado de cada um,
Notamos diferenças no *zum-zum*.
Se refletirmos o que observamos,
E o que nos mostra estes disfarces,
Compreenderemos a beleza de um bem cultivado e artificial alface.

26/05/2010

4.14 ERA PLANO EMBRIÃO

No princípio era um plano.
Depois tornei-me um embrião,
Um grande feto.
Agora sou um neto,
A avó amarrou-me nas costas com um pano.

Hoje somos uma família.
Não queremos viver numa ilha,
Pois a esperança no rosto de todos brilha.
Afinal, quem as faz brilhar?

Papá, mamã!
Eu já descobri a luz, o Sol das nossas vidas
O SUPREMO...Que nos convida,
Sussurrando-nos aos ouvidos:
"Proclamai a Boa-Nova aos destemidos".

Temos agora uma família extensa,
Onde Deus fez cumprir Sua promessa.
Deu-nos Dom Bosco como pai,
E a Auxiliadora como grande mãe.

Dondo.[91]

27/09/2012

---

[91] Dondo é uma cidade que fica a Norte de Angola. Geograficamente localizada na província (estado) de Kwanza-Norte.

4.15 CASTÍSSIMO ÉS, EXEMPLO ÉS

"Num belíssimo dia,
O meu coração estava exultante de alegria.
Quando repentinamente, dos lábios de Maria,
Ouvi: 'José, estou concebida, meu querido,
Futuro marido'.
Quase que fiquei demente,
Com tamanha notícia.
Nada falei,
Apenas meditei.
E hoje sou bem-aventurado,
Santo,
Porque confiei...
No meu amado SENHOR".

POIS é...
Exemplo de pai e castíssimo és,
E sempre serás, ó São José!
PREGA PER NOI SAN GIUSEPPE!
PRAY FOR US SAINT JOSEPH!
TUBINGILE SAN ZUZE![92]
ROGAI POR NÓS, SÃO JOSÉ!

Namaacha.[93]

19/03/2013

---

[92] Rogai por nós, São José!
[93] Namaacha, é uma vila do sul de Moçambique que fica a oeste da capital, Maputo.

4.16 O MENSAGISTA INVENTISTA[94]

Dei uma corrideira,[95]
Até a passadeira.
Passei a atravessadeira...
Inferior,
E depois a superior.

Dei um encontrão a um mensagista,[96]
E então quis colocar-me na lista.
Confundiu-me com um biciclista,[97]
Pensando que estava na pista,
Disse-me que sou atletista.[98]

17/04/2015

---

[94] Esta é uma linguagem poética criada por mim de acordo com o meu contexto.

[95] O mesmo que "corredela".

[96] O mesmo que mensageiro.

[97] Ciclista.

[98] Atleta.

PARTE V

—

INSPIRAÇÕES AFETIVAS: PROFUNDEZAS DA NOSSA ALMA

5.1 MAIS QUE AMIGO...

Esqueci de te esquecer,
Porque nunca me fizestes perecer,
Nem tampouco padecer,
Tu és e sempre serás meu amigo,
Ou melhor, diria amigo-irmão.
Esta é para ti...

24/01/2006

POESIAS SOLTAS: O EMBRIÃO QUE NASCEU E FOI CRESCENDO...

5.2 FELIZES E TRISTES DIAS

Quando me recordo,
Dos dias que passamos juntos,
Dá-me vontade de chorar.
E começo logo a sorrir,
Pois eu sei o que é sentir...
Amor por alguém.
Olho além,
Mas você não vem.

Que dias felizes passei ao seu lado!
Quando estava a sentir-me amado,
Abandonastes-me na solidão,
Com o coração na mão.

Então!...
Deixastes-me na confusão,
Hoje queres perdão?

Dias tristes foram quando julguei que te perdi!
Dias felizes são belas recordações guardadas na minha memória,
E nos nossos corações.

ATAOPA

Porque qualquer dia tornar-se-ão...
Lindíssimas canções,
Que trarão muitas emoções,
A estas e desconhecidas multidões.
Que tristeza!
Ver-te assim.
Que alegria!
Viver sem fim.
Mesmo com dias felizes e tristes!

23/04/2006

5.3 FILHA DA MULHER

Filha da solteira mulher,
Sobrecarregada de poder.
No começo da aurora,
Vi-a...
Contemplando a maré.
Disse-me "sapêrê".[99]

Oh! Linda menina!
Radiante como um regato,
Sobressaltada com a pitoresca savana.

Os seus olhos a luzir,
Pois nem pretende extrair,
Da formidável extensão natural,
Cobiçada pela multidão do areal.

Imensa é a sua habilidade,
Que a faz folguear,[100]
Fiar-se,
E exultar.

Ninguém a pode quedar,
Porque o mar...
Fá-la evocar...

---

[99] Significa "Bom dia".
[100] Do nome "folguedo", que acarreta aqui o significado de ação de brincar, de se entreter, de se divertir: alegria, folia.

ATAOPA

A epopeia da vida,
Desperdiçada,
Com aflição,
Que linda filha da mulher!

21/08/2006

5.4 APAIXONEI-ME, MAS NÃO ME RESPONDEU...

Apaixonei-me...
E a paixão exilou-me.
Hoje continuo com as suas marcas,
Não sei porque foi tão cruel.

Ela veio escaldantemente,[101]
E deixou-me despercebidamente.
Desfraldou-se,
Esboroou-se.[102]

Escondeu-se na eira,
Para não entremear...
Os seus ideias.

Disparou a sua artilharia,
Nem mostrou a sua cortesia.
Procurei-a,
Mas não a encontrei.

Clamei,
E não me respondeu.
Sacrificou-me,
Contrariou-me,
Feriu-me o coração...!

24/08/2006

---

[101] Do adjetivo "escaldante". O sinônimo aplicável neste contexto é "ardente, abrasador e escaldador".

[102] Desfez-se. Reduzido em pequenos fragmentos.

5.5 AMEI-A E NÃO ME CORRESPONDEU

Amar é desabrochar...
Ajudar a derivar uma flor,
Afeiçoar-se totalmente...
A ela.

Torná-la cristalina
E pô-la num porte definitivo.
Mas! Que cor tem o amor?
Será que é rubro?
Não sei que cor tem.

Se soubesse...
Agachava-me,
Para não agastá-la.
Buscaria anêmona em abundância,
Para mostrá-la a sua grande elegância.

Pois eu amei-a...
...E não fui correspondido,
Agora estou ressequido.

Não sei a quem recorrer,
Só me estão a repreender.
Não sei...
Se prefiro, se quero, se desejo apaixonar-me novamente...
...Ou amar!?

24/08/2006

5.6 ...É O AMOR

Assim como o dia tem uma noite,
Apesar de ter vinte e quatro horas,
Assim é o amor que por ti sinto.

O ano é um só,
Mas os meses são vários.
Há um século,
Mas cem anos.

Vários compartimentos,
Mas uma casa.
Vários membros,
Mas um só corpo.

Números infinitos,
Uma só designação.
Muitos ramos,
Uma só árvore.

Várias músicas,
Num só disco.
Cada um tem a sua função,
Mas um sustenta o outro.
Assim é o meu amor!

20/10/2006

5.7 QUERO

Quero contigo estar,
Os teus lábios beijar,
O seu umbigo acariciar,
O seu corpo apalpar,
Para sentir a sua maciez,
Desejo contigo estar.

Uma manhã,
Uma tarde,
Uma noite,

Vários dias sem hesitar.
Um ano,
Vários anos.

Todos os dias da minha vida,
Eternamente desejo contigo estar,
Para todo o meu amor te dar.
Contigo estarei no firmamento,
Em todos os momentos,
De sua infinidade.

30/11/2006
27/01/2007

5.8 AMAR O AMOR

Amo-te como o amor ama-te!
Por amor amar-te tanto,
Jamais deixar-te-ei num canto.
Pelo seu encanto...
Enxugar-te-ei os prantos,
– Pois ele é santo –

Óh! Se eu soubesse amar!
Nunca iria lamentar.
É meu desejo fazê-lo derivar,
Dá-lo-ei a sua coroa.
Andarei de canoa,
Rebuscá-lo-ei.

Amo-te com os lábios meus,
Pelos olhos seus...
Não deixarei de amar-te.
Pois o meu amor está estampado na alma,
E escrito no coração.

16/05/2007

5.9 PAIXONETE DE DEZEMBRO, 19/2007

Apaixonei-me por uma desconhecida,
Fingida.
Incandescentes eram os seus olhos,
Que luziam como duas estrelas...
Gêmeas cadentes.

No começo, demonstrou-me interesse,
Mas no fim,
Foi eu quem perdeu.

Imaginação minha,
Pensamento de infância,
Cobriam o meu rosto,
E a minha consciência.

Agora fiquei apenas com uma lembrança,
Sua face...
Coberta de carência espontânea,
E seu nome que desgastou a minha paciência.

02/01/2008

5.10 COMO POSSO…?!

De uma janela vi-a,
Atrás de um muro estava ela.
Era desejo meu chamá-la,
Mas o contratempo não consentiu,
Nem lha falar.

Até adiante,
Obstáculos surgiram.
As palavras fugiram,
O rosto dela parecia dizer-me:
"Vem, eis a oportunidade".

Mas o meu parecia dizer-lhe:
"Como posso, se não me é consentida?"
Aí o consentimento…
Tornou-se obsessão.
Ainda bem que não me feriu o coração.

11/01/2008

ATAOPA

5.11 O FOGO DA PAIXÃO

Numa manhã de domingo,
Enchestes-me com um forte vendaval.
Sem me aperceber que era um sinal,
O fogo da paixão que queimava mais uma floresta.

As cinzas são o que sempre restam,
Mas infinito é este lume,
Que me eleva ao cume.

O centro do meu coração,
Ó minha paixão de verão!
Estou entregue em tuas mãos.

Malange.[103]

18/01/2008

---

[103] Cidade e capital da província (estado) de Malanje. Geograficamente localizada ao Norte de Angola.

5.12 MAIS PROFUNDO DA NOSSA ALMA

Quanto mais perto de ti,
Mais saudades tenho.
E distante de ti,
Quase que morro,
Por não me teres em teus braços.

Pois sei também que necessitais dos beijos meus,
E do calor do corpo meu.
Palavras minhas sentis falta,
Sabeis que poderosas são,
Quando as exprimo com sabedoria.

Elas penetram no mais profundo da sua alma,
Como a espada de dois gumes,
Atravessado sobre o coração.
Magoado pela paixão...
Já enferma.

É flagelada pelas trevas do abismo sangrento,
Dilacerada por espíritos malignos,
Enviados pelos vermes,
Nascidos e criados pela cega ilusão.

Que me acompanharão,
Eternamente sem se fastiarem[104] de perseguirem-me,
Até devorarem-me.

---

[104] Do nome "fastio, tédio, aborrecimento".

ATAOPA

Torturarão os meus ossos,
E deixá-los-ão em pequeníssimas migalhas,
Que tornar-se-ão em alimentos,
Para os filhos de ratazanas.

Folgueadas[105] pelo tempo interminável,
Que só a ajuda a se metamorfosear,
Em um ser inexistente.

20/08/2008

---

[105] Novamente de "folguedo". Significando aqui reinação.

5.13 MULHER

No universo,
De frente e verso,
Existe alguém que é inseparável ao homem.
Uma criatura do Altíssimo,
Que veio para nos acompanhar.

Sincera às vezes,
Mas é a hereditariedade do desamor,
Desprezada pela incapacidade e falta de amor.

Neste momento especial,
Não a tornemos só genial.
Dando-as presentes,
Elogiando-as sempre.

Peçamo-las ajuda,
Para mudar o mundo,
Do qual ela também faz parte.

Mulher!
Criança, adolescente, jovem, adulta, anciã,
Solteira, casada, divorciada, desprezada.
És mulher,
Sempre o serás.

Que este março...
Não seja apenas um histórico marco.
Mas um eterno largo e arco,
De amor, mais amor e sempre amor!

04/03/2009

5.14 MEU ENCANTO

Estava a olhar num canto...
E de repente, qual foi o meu espanto?
Vi alguém no comando,
Mesmo não falando,
Era um encanto.
Parecia, entretanto...
O luzir da auréola de um Santo,
Que me extasiava de vez em quando e tanto.

Mas continuei olhando!!!
Não me importava o que estava ao redor rolando,
Só queria saber: o que de mim estava se apossando!?
Pois desejava conhecer: onde ela estava morando?
E o tempo foi passando!
Sim! Estávamos nos *muximando*[106].
Por isso, passou de encanto a Rainha...
Minha pombinha, gazela e singela,
Ó minha donzela.

21/03/2018

---

[106] Da palavra muxima, que significa coração.